# 丁丁的房產人生雜記

本書深入淺出，爲您揭開房產投資的神祕面紗，讓您輕鬆達成財富自由。

恆理商務法律事務所/主持律師/林君鴻

比起前幾集，有感受到作者對於文章內容的精進度有在自我要求，更爲通順且精彩！

新竹市前市長/許明財

踏上房地產探索之旅，發掘其中樂趣與挑戰！

展才營造/董事長/李世騰

不著重在商業化的文字，很有感作者忠於客觀立場上的各種見解。

展藝建設/董事長/李宗穎

開始追求自己的夢想時，房地產是每個人都必須面對的議題。這本書將帶您揭開房地產的神祕面紗，探索其中的樂趣和挑戰，助您在這場人生大冒險中勇往直前！

原築院建築師事務所/主持建築師/鍾喬鈞

對於初入不動產行業的新手來說，丁丁的書籍可以讓你快速上手且以最易讀及口語白話的方式來呈現文章精髓，是個很划算的產業工具書！

泰山電子/監察人/洪武男

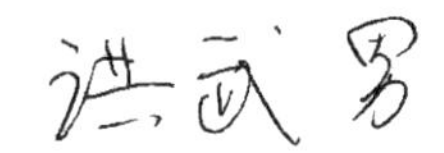

隨著人口的增加、都市的擴張，房地產成爲了現代人生活中不可或缺的重要元素。本書將帶您深入了解這個複雜而又充滿挑戰的行業。

英黛爾寢飾/負責人/林楹凱

一般首購自住客比較沒有太多購屋經驗與觀念，導讀此書可勝比許多冤枉經驗。

國順預拌混凝土/總經理/劉世爲

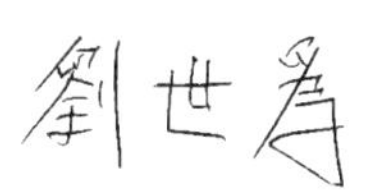

以各種不同房地產的立場與角度來切入話題，有時事也有對於各種不同景氣環境下的分析，道理透徹且清晰，值得一閱。

翔博金屬/總經理/陳建伯

相較於市場上多數較於商業化的書籍，《丁丁的房產人生雜記》更容易產生深度的思考與吸收，且幾乎都是純文字的編撰，看過前幾版後甚至還會讓人有回頭再讀的意願。

新竹市北區/市議員/吳旭豐

不動產相關行業的高壓高競爭的環境下，在業內經營著本業同時還能夠有創造文字能力的人，實屬罕見，而且還有爲數不少的讀者支持並認同，表示這樣的書很有閱讀的價值。

新竹市地政士公會/名譽理事長/牛太華

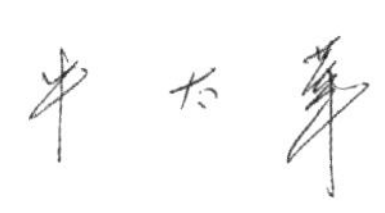

如果你有買房的困擾，又或者是賣房瓶頸，這無疑是一本武林祕笈。

新竹客運/董事長/許一平

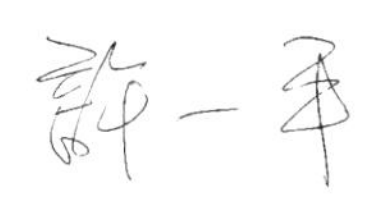

從內文可以感覺得到作者具有相當豐富的房地產經驗，也能夠感受到其高水準的專業程度。

萬家裕建材/董事長/陳建財

沒有甚麼事比行前功課來得還重要，更何況是買房子的大事，類似書籍所帶來的觀念多看永遠不吃虧。

維祥工程/董事長/戴國恩

對於很多新手來說不動產是既神祕又害怕的東西，市面上更幾乎沒有像此書這樣透明解讀相關環境的讀物，值得收藏。

毅上科技/董事/陳世卿

直接又明白，買房子其實說穿了就是個觀念問題而已，如同書中所言，買與不買的差距，有時候並不一定在於錢的多寡，而是從0到1跨出去的那一步。

駿鼎國際/負責人/徐仲邦

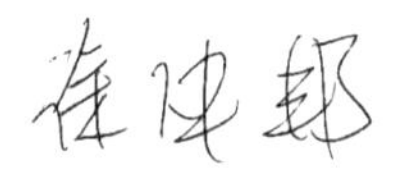

不少同事與朋友都曾經推薦過丁丁的書，接觸過了之後才知道裡面的精華有多重要，希望作者可以再繼續創造這些可以幫助到大家的文字。

豐谷油飯/負責人/顏川鈞

師傅引進門，修行在個人，在房地產的世界裡，要能覓得一位良師是需要機遇的，而這本書也許可以成為引領你入行的捷徑。

鑫隆土木包工業/董事長/吳歷銘

作者以一種奇特的文筆表達出自己的眞實想法，看著它就如同本人在你面前指點迷津一樣，即便是不愛看書的人只要對房產有興趣都會很自然地看下去。

大同瓷器/顧問/廖修達

丁丁對於業務有相當的一套見解，很多論述之中相信都能給予身處第一線的業務人員不少靈感，在工具書之中算是一種很特別的存在，推薦！

大管家房屋管理/總經理/曾建樺

筆者撰文行雲流水，排版順暢，內容有如醍醐灌頂般的衝擊與回味，不看可惜。

元翔材料/顧問/藍棟洋

如果你現正在尋找可靠的房地產相關資訊，我們誠摯推薦丁丁的房產雜記，本書將爲您提供有關房地產行業的深入決策，並與作者多年的經驗幫助和專業知識相結合，爲您做出明智的決策無論您是購房者、投資者還是尋求更多有關房地產的知識，本書都是您最好的選擇之一。

艾可開發/負責人/徐明光

對於剛進來的房地產菜鳥，很推薦閱讀。對進來一段時間的房地產中堅分子，也很適合看。對已經過風風雨雨的老鳥，更應該看。

方俊工程/董事長/黃淵麟

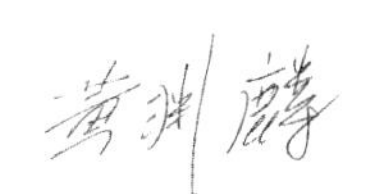

這本書並非一般教導銷售流程的書籍，而是觀念的傳授～有時卡關遇到瓶頸，看看文章就有種豁然開朗的感覺，作者用一篇篇的文章說明房地產代銷的邏輯，讀起來無負擔，隨時可停下腳步思考錮中理論。

日太照明/董事長/莊博宇

充滿不動產資訊的祕笈，仔細閱讀購屋的路途不再迷茫，讓我們少走了很多彎路，感謝分享。

世旺科技/董事長/彭世豐

文字淺顯易懂，內容也分享了許多從業的經驗，也有許多市場資訊的分析，能夠快速學習吸收，推薦給考慮從事不動產業的夥伴。

正國企業/董事長/孫賢

內容跟進許多法規和時事的調整、分析，讀懂了也就了解大環境的趨勢，如何循環，要想了解局勢和進場時機，看完本系列的書籍相當有幫助。

永阜壐營造/董事長/林清河

作者專業的精神和對客戶的承諾贏得了良好的聲譽和信譽。他的努力工作提供了最佳的服務和解決方案，可以爲客戶提供準確的建議和指導。這種信任和專業的態度是在房地產行業中獲得成功的關鍵要素。

永琦花藝/負責人/文揚

我相信《丁丁的房產人生雜誌》是值得信賴的資訊來源，特別是對於那些正在尋找房地產相關資訊的讀者來說，此書能夠提供他們所需要的解決方案和專業知識。

辰明智能/董事長/魏志豪

有一些觀念，你聽過一次就會永遠記得，甚至一輩子受用。《丁丁房產人生雜記》這本書的觀念，就是對我影響深遠、值得回顧和應用的觀念。

協旺機械/董事長/彭文瑞

我們得先面對一個現實，每個人的思維都是不一樣的所以也造就了大家不一樣的成就，這句話乍看之下令人氣餒，但這本書會讓你大爲改觀。

宜群聯合會計師事務所/蔡世強

因爲你的不一樣，反而是絕妙的好事。這是一本讓我感到如獲至寶的書，書中有許多精彩的企業家故事值得收藏，也可以拿來對照他們的企業現在的發展情形。我在這本書裡也找到了幫助我用嶄新的觀點，去挖掘自己的優勢了解現況的房產資訊。此外，我認爲這本書的觀念適用於創業或適用於任何想投入房產領域、學習新技能的每個人。

東君能源/董事/許家銘

對於沒有接觸過房地產的我，是對房地產完全一竅不通，且沒有任何概念及想法！但入行後，把《丁丁的房產人生雜記》3集仔細研讀完，對於房地產會有基本的想法及概念，在往後工作上也較可以理解工作內容及容易上手！也因爲作者用淺顯易懂的語彙、解構房地產的奧祕！所以，如果你今天是剛入行或者是房地產小白，實在是非常推薦《丁丁的房產人生雜記》系列！

欣昌建材/董事長/許戎永

作者在不動產行業已經有十幾餘年，這本書是以他多年的房地產經歷和個人成長，分享了他在這個領域中的成功和挫折。這本書融合了房地產投資的實用知識和個人故事，可以讓讀者能夠更深入了解房產人生的辛酸血淚，也會讓挑起你對房地產的好奇心！總歸，無論你是新手還是有經驗的投資者，這本書都會讓你受益良多。

保勝建設/董事長/林保舟

若你今天是對房地產有興趣，也想要投資房地產的話，非常推薦《丁丁的房產人生雜記》，因爲在書中除了作者自身的經驗外，也額外提到的投資考量，包括房屋選擇、價格評估甚至還有法律程序及租賃市場等等……而，這些內容都是在進行房地產投資時需要考慮的各種因素，並且給出了一些具體的指引和建議！可說是對投資者來說非常正向且有幫助的書籍！

艾芯蔬菜生技/創辦人/謝嘉瑋

作者是在房地產領域具有豐富經驗的專家。這本書以其淺顯易懂的風格和深入淺出的內容而獲得了廣大讀者的喜愛。不僅能讓你簡單理解其中的內容，還能讓你獲得深刻的啟發。

啟鈺建設/總經理/曾士豪

作者用生動活潑的筆觸，實際生活化的舉例，將複雜的概念解釋得清晰。無論你是房地產領域的新手還是已經有些基礎知識，相信這本書都能讓你有所收穫。

傳藝建設/董事長/鄭雅夫

並不追求高深複雜的詞匯或專業術語，而是用通俗易懂的語言來傳達房產觀念，讓人感到親切和安心。

品益建設/負責人/邱建偉

我有幸與作者認識多年，見證了他在房地產行業中的卓越成績和突破。致力於提供最好的服務和解決方案，對市場趨勢的把握、專業知識能夠給予客戶最準確建議與指導。衷心推薦丁丁的房產人生雜記，本書絕對是你最好的選擇。

品禾建設/負責人/曾煥琮

這本書將爲讀者帶來豐富知識、實用指南等。書中作者提供個人經驗談，闊論房地產的常態基礎知識，包括市場趨勢、投資策略、交易流程等方面，將幫助各位建立一個堅實的理論基礎，了解房地產行業的運作和相關概念，提供有價值的信息資源。

如果你對房地產感興趣，想在此領域中獲得成功，強烈推薦閱讀《丁丁的房產人生雜記》。這是作者提供充滿價值、實用性的書籍，無論是初心者或房地產領域有經驗者，從閱讀過程中，與作者交流經驗和觀點。將幫助各位成爲更優秀的房地產從業者。

## 壹
# 市場解析

## 貳
# 地產知識



## 參
# 房產心情

肆

# 時事聊論



伍

# 買賣觀念

## 陸
# 廣告行銷＆業務態度



## 柒
# 從業經驗

壹

# 市場解析

『大多頭』

『買空賣空』

『出生率紅利』

『市場的因與果』

『不動產投資關鍵』

『搶市』

『房市崩盤的理由』

『後房價時代』

『買不到房子的憤怒』

『大新竹不動產分析』

『低利影響後的房市』

『學區魅力』

# 『大多頭』

| #市場解析 | 新竹瘋

一個去年預售案的大排長龍，揭開了一幕多頭熱，在過去的幾個月內，房市行情瞬間膨脹且極速成長，新竹與竹北的不動產發展近20年來最熱最瘋的一次，不僅是新建案，就連中古屋、新古屋、預售轉賣換約，都是以周單位來更新一次成交高點，也許其他區域的同業很難可以體會，但這新竹獨有的特殊現象，讓空頭勢力已幾乎沒有任何存在感了。

有人會說，究竟是甚麼支撐這樣的買盤與行情？

1.土地房屋嚴重的供不應求。
2.剛需積累能量無法被消化。
3.市場投資氛圍熱絡買氣強。
4.購屋動機不外乎都想賺錢。
5.新建案的選擇性非常有限。
6.賣方願意大膽創高購地價。
7.推案信心強勁普遍創佳績。
8.自住客多半接受市場事實。
9.極端化的群聚與資訊效應。
10.多方購屋通路的搶與殺。

蛋黃蛋白兩樣情，都稱作新竹區，但其實這被高度關注的重點區域也不過就是新竹東區、新竹市區、跟竹北，尤以高鐵及學區最受歡迎。其他的地方表現就相當正常。房子大家搶，你信嗎？房子越貴越多人掃貨，你信嗎？不買房子對不起自己，你信嗎？現在不買房是傻子，你信嗎？

近幾個月，不斷創新高價的土地價格，似乎建商已然嗅覺到區域可以挑戰新高價或不得不站上新水位行情，這些未來要推案的土地，基本上打底都要超過每坪40萬以上的房價，無論消費者是否接受，事實就是如此，倘若只有某一建商或單一案例如此，可以不用當一回事，但如果一個接一個，從A品牌到C品牌都開始大膽出手，那就意味著不用太遠的未來，整個市場落底價格就會浮現，然而現在進行式的建案，賣方也會慢慢跟進調漲售價，環環相扣推移，買方沒得選擇只好默默承受，最後買單的人們在短時間內暴增及熱銷，就會造成市場全面性的影響。

在新竹，透過非賣方單位的案前預購已行之數多年，爲何能在這個市場中存在這種交易模式，也是人性所爲。原本的單純的投資或置產客，想要用更快速的管道取得理想物件，慢慢食髓知味後就更變本加厲，要再以更低的風險、更少的成本、更高的利潤而變質成投機份子。於此也就吸引了想成爲此仲間者角色的人就越來越多，但畢竟好景不常，這種賣屋模式也僅能在時機好的時候可以成局，當景氣迅速反轉直下時，這些貪心的投機族群也就會嘗到一些代價與打擊。但你以爲想賺錢的只有投資客嗎？其實不然，在這個極端群聚化的城市，自住客買了房子也很快會被價差吸引然後逐漸落入那貪婪的循環圈中，所以事實上，沒有人是淸高的，當你手上有房動不動幾百萬可輕鬆轉賣掉，又有誰會不心動呢？一次甜頭後自然會想再複製尋找下一個契機。

預售換約也變成了這邊仲介的主力業務之一，不管賣方是否綁約，總是下有對策，仲介爲了可以在成屋前能廣泛拉大成交可能性的社區與更多強勢選擇，比新古屋更快的新屋就是尙在預售中的建案。那有人會說買方都是傻子嗎？爲什麼不直接去找賣方買第一手的就好幹嘛要給轉賣方與仲介賺一手呢？這個答案很簡單，因爲你已經買不到第一手你喜歡的目標了，而且是大家都買不到也都跟自己有同樣的苦惱，迫於無奈，只好去找仲介尋找是否有意願要讓出的轉手方。這時價值空間浮現，當環境這樣的狀況越明顯熱絡，交易量爆炸性的擴大，則會產生當建案預售期間瞬間暴漲的行情，如此建商還會對下一個要推行的建案在售價上客氣嗎？他會把其他方該賺的全部策略性囊括在自己口袋。

最後的中古屋，也淪陷了。買方在新屋市場上完全沒有可購得房子的機會，只好去找新古中古來看，但那些地點好的標的，也成了炙手可熱的對象，仲介賺飽飽，短短數個月無論在土地、預售、成屋、中古屋上面完完全全不缺買方，隨便一個物件資訊丟一丟，就瞬間被客戶擠爆。拿號碼牌排隊看屋、當下競標出價、賣方隨即坐地起價，就成了最近被討論的焦點，然而這些屋主們，比起建商也毫不遜色的加價再加價，可憐的買方也被當時是買方的人給屠宰剝削了血肉。相信嗎？竹北現在許多中古物件的成交價格，不僅追上新案，更甚者是還超過。

所有的市場價錢都是買盤在支撐，這金流的總結最後也都是使用者買單、自住客吸收，大多頭是否爲健康發展徵兆，很難界定。全民炒房是否有對錯是非，也很難評斷。畢竟這是自由交易與買賣，一人或少數之力是無法形成行情的，唯有強烈過盛的實際買氣，才足以影響全盤價錢。所以大多頭之下，人人都想利用其時機來爲自己爭取點收入不爲過，也是人之常情。你不賺別人會賺，你不買別人會買，這種瘋狂效應，不會是常態，也總是會有冷卻的那一天，只要你不是個貪婪失當與心態不正的買方，基本上也不用擔心自己是最後那根稻草。記得回到購屋初始的本質，賺錢有道，投機無理，如此房產是不會讓你受傷的。

【甚麼是人性？當你沒有籌碼時，你可以大喊居住正義，炒房者皆雜碎等極端理論。但當你可以有賺一手的條件時，尤其這並非你原本所預期計畫打算之內，然後莫名其妙因爲傻傻買了房賺到一大桶金，這樣你還有資格喊正義嗎？這種正義還算是所謂的正義嗎？這樣到底是否算炒房呢？今天只是把自己的房子隨行情出售，難道只要有從不動產上賺到錢，就是炒房嗎？事實上只要有正向金流就是炒的一環，因爲堆疊起來的價格畢竟還是要被市場吸收。所以這個論點更本沒有正確答案，只有自己願不願意買單罷了，如果你願意，那總有一天，你的房子未來要出售的價格，你也絕不會比建商手軟。】

# 『買空賣空』

｜ #市場解析 ｜ 貪潮

近十年來，除了金融風暴後的那幾年外，其他的時間周期在房市市場裡很難存在有買空賣空的現象，這只會出現在大多頭的熱潮。爲何會有此反應，主要還是在於不動產交易模式的改變，資訊流通快速便利，所以打房力道有限，主要經濟體跟先進國家又不斷在量化寬鬆，錢沒有地方去，就都流入到房地產裡了。

何謂買空？就是以超越其產品價値的金額買下房子。
何謂賣空？就是以超越其產品價値的金額賣出房子。
何謂買空賣空？就是上述成爲了一種循環再買或賣。

假設房價初始建商欲售是1000萬，第一手買方取得後隨卽丟到市場上轉賣且第二手買方以1100萬成交，然而整體市場嚴重供需失衡，自住客沒有房子可買，於是第三手買方爲求購得一屋，以1200萬成交。又或是其第一二三手都還是以短期投資做目標，也可能在此預售屋蓋好之前中間轉了超過四手次以上都也常見，最後成交的價格也會在短短一兩年內暴增超過原合約價300萬以上的價差，年化增値率高達15%以上。也許有人很難相信，但眼下今年的房市環境就是如此誇張。

爲何十年前不易如此，十年後這麼難以控制？主要在於市場的自然進化，過去沒有預售轉賣交易，也沒有這種趨勢跟行情，所以投資者都必須待成屋後才有入帳價差的機會，那麼持有時間上就有了比較健康的發展，不至於短期內有過大的交易量。再來是資訊與通路的進步快速，無論是仲介或消費者，比起以前現在有更爲多元選擇的售屋方式與搶房管道，且在消息的曝光上可以用極爲快速來形容，於此行情的產生是以「日」爲單位在更新，只要有隨時在關注不動產訊息的人們，都可以很輕鬆簡單便捷的取得最新售價或成交狀況。

人都是貪心的。
人都是自私的。

買空賣空比的是誰會成爲那個被最後一根稻草壓垮的駱駝，誰能越早擷取到這種趨勢的上流，誰占得便宜就越大，當然賺得也就更多。例如早在單價20萬人人疑竇的行情時就開始在買房，不料才一季就可轉出30萬，而中間又大膽的繼續在各標的之間進場，複製價差模式，當後知後覺者才發現原來這有利可圖之時這前面的人早已把現金週轉滾動放大了數十倍以上，建案開得越多就撈越大。他們完全不怕沒人接手買房，他們也完全不怕房子會賣不掉，他們更會食髓知味的將獅口大開將價差越拉越大，那麼行情就徹底被這些賣方所掌控住。除非你不買房，否則就得被迫要活在這遊戲規則之中。

當然建商也不是省油的燈，能多獲取的利潤，都給了投資客與消費者，總會心有不甘上的遺憾與惋惜。所以這銷售過程之中的價錢調漲也是必然會發生的事，甚至也會透過中間換約程序中了解到的買方價差來做爲下一建案與購地行情的基礎評估，倘若短期所疊上去的房價是已公然被市場所認同，那麼地價不斷被創新高或賣方已持有庫存的土地會提升不少後面所推案的售價幅度這些也都是很合理的事。

假例A案建商售單價20萬，被換約轉手至30萬，那麼A案若有還有餘剩戶則會被調價成25萬，而原本可能不被考慮的地價此時建商也會大膽買下。若持有庫存之地B案本估售25萬的話，此時建商則會調至30萬來銷售，整體而言，買空賣空影響的不僅是消費者端彼此的交易循環，更會快速的提高所有建商端的新建案價錢，而這樣的狀況應該說不會有任何一個賣方會是佛心的，難得可以多賺取高利潤的時機點，就算是再有品牌力的建設公司，都不會放過這個機會。

環環相扣之下，最後可憐的還是自用者，尤其首購族。因爲房市門檻不斷被強迫性的提高，單價越來越貴，總價也會跟著提升，自備與貸款月付壓力就會越來越大。工作收入的可支配比例就會下降，爲了吸收與承受這些短期上加的空間，生活品質是不斷下修。說的直白點，建商也好、投資客投機者也罷，大家所賺取的價差，都是自住客未來要分期償還的凌遲債務，然後你不賺別人會賺，你不這樣做，別人也會這樣做，你的房子不賣高價也會對不起自己，如此循環再循環，最終考驗的還是整體市場的基本買盤，到了消費者真的無法再有接手下去的信心時，或是經濟局勢又來恐慌時，或是不可預期的天災或政策打擊，那麼這些報復性上漲的房價空間也遲早一天會被報復性的打回原形。

建商：隨著短期交易膨脹的價格調整初始售價。

投客：隨著不斷輕而易舉嚐到的甜頭越開越貴。

買方：隨著趨勢可能也會跟著來學習獲利模式。

市場：隨著氛圍熱度快速提升整體房價的行情。

墊價效應是很恐怖的，因爲它完全給人們沒有任何考慮的時間，換言之每個人決定的速度都要加快再加快，快到你根本不知道是產品是甚麼內容就必須要趕緊下手，沒有選擇性，也沒有比較性，這也很極端的讓許多可能不是那麼好賣的建案也開始陸續完銷，讓設定過高或不合理售價的建商占盡便宜，讓賣方甚至疏於用心在設計規劃上，反正大家都是用搶的，何必太計較或需要進步呢？

【異常則成了亂象，但除了政府官方以外，其實任誰也無法干涉整個市場的運作。房市必須應該健康一點，過冷不妥、過熱不佳，不管是買方賣方，太過貪心都是不利於長期的發展，但要人性不貪是不可能的。所以回歸務實面，投資不該過度放大槓桿，投機不該忽略買房該需支出的基本自備金，以一個正面樂觀健全的態度來執行自己的購屋相關計畫，才會是長久穩妥的贏家。】

# 『出生率紅利』

| #市場解析 | 新竹特產

全省最高生育率，新竹縣市居前不下，一個小小的城市，卻能創造大大的人口紅利。少子化一直以來都是不動產市場空頭的假議題，相對地孩子產量高，同樣對房價也不會帶來正向影響，但在新竹地狹人稠，且外移人口年年增長的區域裡，卻有不一樣的解讀。

在新竹竹北，只要是關係到與孩童有關的產業商家如：月子中心、嬰幼用品、才藝安親、補教業、雙語文教機構，都會有相當好的生意，甚至想住知名的月子中心得在還尚未確認是否有懷孕前就要預定，不然就排不到房額。指標性的私立幼兒園若非有關係安排否則更是一位難求，孩童學子多且又是家長高學歷集中的城市，自然學區也就成了大衆在追求購屋條件上的重要考量。

尤以在新興發展的竹北地區，學區現象更爲買方所瘋狂，新創的硬體與高水準的師資，產生出優秀的成績排名，也就衍伸出所謂的理想學府。對於那些不想也不願意或無法就讀私立雙語中小學的家庭而言，這樣的公立學區或是即將編排新校預定地周邊範圍的建案，不管是中古屋或預售，都會受到相當高的肯定，當然這也成了房價的保證，更是增值空間的背書。

少子化爲何是假議題？因爲在台灣不動產發展歷史的40多年來，少子並非是今天才有的問題，而在過去就已是逐年遞減且幾乎沒有增加過的實際數據，若符合學者所述來應證，那應該早早就對房市產生嚴重影響才是。可這麼多年來，建商與營造業越開越多間，房子越蓋越多，兩者背離下房價卻沒有成正比的反應在市場上，講直白點：「地主願意成交的地價他根本才不管你台灣孩子是否越來越少。」同理建商或開發商在投資興建時，也不會因此納其爲拒絕投入的理由，可房子還是不斷的售罄與完銷。反倒是令房價崩盤的三大原因爲：嚴重的天災、政策、跟全球性的金融危機，除此之外，不動產根本沒有因爲人口而造就實質的不景氣，其他國家不一定如此，但至少台灣是這樣的循環。

然而新竹的高生子化，當然也不能當作成影響房市的正面理由，因爲這是一個高度人口移入的城市，而這些移民者，不外乎都是爲了工作與就業，或其延伸出來周邊的各種行業，進而刺激這個小城，幾乎從偏鄉蛋白慢慢發展成甚麼都有甚麼都不缺的現況。這點由在地土生土長的新竹人最能感同身受，無論是否爲宜居的幸福城，但大部分的人們都願意爲了收入與穩定在此落地生根了。光陰過去，如今平均一個家庭有兩個孩子已經是基本配備，超過的更不在少數，彼此間進入育兒的人生階段時，也同會鼓勵多生一點，反倒僅生一子的卻不多。

高收入配上高學歷，多子搭上單純，就讓新竹成了一個極高且消費力集中的地方，只要跟親子結合的場所，生意就不會差。於此在假日能夠讓全年齡層都能充分打發時間的遠東巨城百貨就成功了，其有遠見的商業布局，甚至還正在竹北打造第二座商城。隨著時間過去，土地漸漸一塊一塊被推案造樓，這種消費型態只會更明朗，也更會刺激其他類似的企業品牌或商家進駐來分享這逐漸龐大的市場。所以未來在這個區域的發展潛力，只會增加而不會遞減。

事實也不斷證明，新竹的人口並非給予不動產紅利，更不是消化供給或房屋量的主因，而是因爲其他特殊性的城市文化跟條件來創造出非理論性的房市成長因素。環環相扣之下，也在資訊傳遞快速之下，慢慢地這樣的理由也變成市場皆知的需求狀況，買在新的商城商圈旁、買在新的公園綠地旁、買在新的學區旁，總是百利而無一虧，投資更是所向披靡。當然建設公司所布局推案的角度與思維也是一同，自然土地的成本就越趨高價再創天價，如此房價又怎可能會便宜親民呢？

對於購屋者，應該對自己所居住或所打算要深耕的地方需要有一定程度的了解與認識，你才會知道爲什麼或因其有何邏輯存在，尤其對於剛需要買房的首次購屋族群，因爲還沒有住太久，所以不了解發展由來跟有何變遷歷史。但時間更迭，遲早總是會發現其中原因而跟上節奏腳步，新竹的狹隘，並不僅限於地理環境，而是整體的人與人、事與事、物與物之間都如此，因此不難判斷每個消費者的想法與動機爲何，至少在資訊層面上，大多英雄所見略同，這時候要考驗的，反而不是年資與收入，而是決定購屋置產的早與晚，以及選擇標的的判斷眼光，這也才會是你跟你的家庭未來的競爭力。

【看待少子化判斷後市的人，其實沒有市場事實根據，理論上的述說則是學者派之言，何謂學？就是紙上談兵。何謂產？就是第一線的眞實。如果沒有前車之鑑，又能如何作爲發展依據呢？如果只是嘴上有毛，又能如何當成決定考量呢？市場永遠無法被預知，市況也永遠很難被預判，但唯一可以相信的是，現在當下的環境氛圍是如何。】

# 『市場的因與果』

｜ #市場解析 ｜ 多頭房市下的事實

建商爲何會漲價或爲何臨時與快速的調整建案售價，全賴市場買方的反應而定，要知道，當價錢往上調的時候也會有一定的風險，倘若過高於買方可接受的幅度導致銷況大受影響之時，要再把價格下調回來，就會產生非常大的負面傷害與衝擊，更甚者會對品牌造成不利的觀感與評價，所以在沒有一定的市況考量跟把握之前，建商是不會隨意坐地起價的。

當買氣旺盛與景氣大好的前提之下，賣方調漲是很正常不過的事，只不過在這瞬息萬變、動不動就完銷、時不時就拉高價錢，然後變貴依然不斷地在快速熱賣的市場就會造成許多消費者抱怨，畢竟想買而買不到房子的人不管是自住還是投資客，在大多頭之時這個比例永遠都是比較高的，然而這股忿恨之氣，總要有個地方來宣洩吧。

行情上行，是謂果，那麼因是甚麼呢？

1.土地成本越來越高所致。

2.市場呈現嚴重供不應求。

3.各種推案均是快速完銷。

4.短期投資的價量差可觀。

5.排隊搶房之事絡繹不絕。

6.案前找賣方預購的人多。

7.公開漲價依然銷量不減。

不動產的歷史之中，造成房價下跌的負面影響不外乎重大天災、全球性金融風暴、重大政策等三項。但造成房價上升除了通貨膨脹之外，別無其他理由就只有單純市場機制下的供需結論，賣少買多，價自然漲，這個過程不管是誰，都沒有辦法因少數人之力就可撼動或反轉整個消費市場。名嘴媒體也好、政客學者也罷、沒有人可以精準預知未來走勢，因爲供給與需求，都是存在於現在進行式，有購屋的動機，你才會去看房子，有買賣上的成交，才會有交易紀錄。如果這些都還沒發生在現實上，又該如何窺測後市必定會怎樣呢？

在房價熱點的思考下，可以做這樣的設想：

這行情眞會讓人負擔不起嗎？

我不買其他人會買或搶購嗎？
可能有會低於行情的建案嗎？
若我是建商或賣方會加價嗎？
建案的選擇性是少還是多呢？
購屋的考慮期是長還是短呢？

倘若這些預設問題得到的都是正面答案，那就代表雖然你不想接受房價上漲的現實，但其實你心裡都很清楚遲早要去面對，最後你的決定只會剩下要與不要的差別罷了。如此那些抱怨不滿跟忿恨，又有甚麼用呢？它能改變什麼呢？你又能改變市場嗎？你不買或你的牢騷可以改變房價嗎？

當建商的定價一出與建案一開都是短期完銷，你覺得下個建案他們不會以此做參考嗎？尤其大部分的建設公司都會認爲賣太快是價錢定太低太好賣或賣太便宜，只要能多賺，做生意的又怎麼會放過機會呢？即便是優質品牌也都會跟進藉此來拉高造價創造代表作。市場邏輯就是如此，買方搶購、賣方瞬間售罄、賣方往上調價、買方依然搶購、賣方還是快速完銷，直到價格調到買氣卻步爲止，直到買方再轉手時沒有下一手願意買單爲止。中古屋也是如此，大局呈現在對賣方有利的狀態下，買方在價錢上是完全沒有反擊能力的。

如果前案賣得快，下案必定要補回。
如果換約換得快，代表原價太便宜。
如果投機賺得多，建商一定會漲價。

例：能賣40萬，爲何不賣呢？賣40萬還是被搶購，那下一案價錢就會再往上走，買方取得40萬竟然還有3萬的轉讓價差空間，那麼定價或調價基礎就出來了，其一是賣40萬之時其實可以賣43萬，其二是下案想要賣到45萬的難度不高，這樣的市場循環不會只在某家建商身上發生，而是所有的賣方都會彼此互相參考與打聽。

那麼搶著買房的源頭在哪裡？就在需求比例上，也許供給量少不足以滿足年均未成長的需求量、也許供給量能有但需求量更大。那麼這需求的源頭又在哪裡？都是自住嗎？也不全然，現今不動產已被廣泛作爲金融理財與存錢儲蓄的工具，在多頭之下，投資意願大增，投資客大出籠。進而市場成爲是自住客與投資客拔河拉鋸的戰場，投資動機者不是買得快就是買得多，進而擠壓到自住客的選擇空間與考慮時間，當然價錢都是被賣方所掌握著，如果市場上的投資轉手物件很多，也代表著行情也被他們所控制著。

要抑制房價的膨脹，若沒有相關的配套限制或定法打擊，其實也沒有阻止買方不買房子的方法跟理由。畢竟購屋就是個剛性需求，雖然行情的最終支撐點還是在於自住客，但如果沒有崩落的需求量，要想著價錢崩盤幾乎可謂是天方夜譚。

【還要相信一個人的影響力能夠撼動市場嗎？別傻了，Sway打著多年居住正義的旗幟喊空喊跌到現在，你能說房價下修是因爲他而造成的嗎？市場像是一片汪洋大海，每一個買方賣方、每一塊在這裡面流動的資金，每一個單位都如同是這其中的一粟，這麼渺小的力量又怎可能帶來巨浪激流呢？價錢也是相同的道理，有人買、就有人賣，有人賣、就有人買，如此形成一個被大衆認同與接受的數字，那就是行情，有人買就漲，沒人買就跌。你搏的不是運氣，博的是信心與買氣，只要有人繼續買下去，那行情就會持續樂觀下去。】

# 『不動產投資關鍵』

｜#市場解析｜承認數據

投資，需要眼光，也需要一些嗅覺跟第六感。這對於老練與具有一定經驗的人來講是很簡單的事，反之那些沒有投資經驗的買方就會有許多的問題，因爲他們不知道到底哪種產品、地段、建案適合下手，而且通常不太會有較健康穩健的財務狀況跟觀念，或者太過於天真樂觀的想像或迷思，以致於不少人在投資不動產這過程上沒有得到如願以償的結果，甚至套牢或賠本。

房地產無論在甚麼時代背景下，都擁有保值跟穩定儲蓄的特性，在利率越來越低的金融條件跟通貨膨脹的環境中，時間都會用事實來告知大衆越早買房子只會對自己越有利，投資置產自然也就成了人們食髓知味的主流購屋動機之一。

在股市中總是有句眞理：「量先價行」意指不管是何種商品，在買賣市場之中若沒有交易量，就不會有價錢。但生手很難理解到底爲何會如此，其實不過就是供需法則的比例罷了。有買才有賣，買多賣少，價就會漲。反之買少賣多，價就會掉。不動產的邏輯也是相同的，甚麼叫景氣多頭？因爲買量遠大於賣量，買氣熱絡強勁，所以帶動價錢膨脹。景氣不佳時這種交易量甚至到看屋量都嚴重下降，如此賣方價錢就沒有上漲的彈性與空間。決定價錢的人永遠都是市場機制下的買方，而這種量能，也是買方所產生出來的。

「需求量」，就是投資勝率高低的關鍵與主因。

地段上：需求越高的地方價差潛力就越大。

品牌上：越多人搶購的建商增值率就越高。

產品上：越適合大衆的房型脫手率就越快。

在整個房地市場之中，有蛋黃區、蛋白區、蛋殼區，有自住型也有純投資型的產品，有各種類型如大樓、透天、從套房到四房等等的規劃，這些條件裡，被需求程度越高的標的，它的購置成本與投資門檻就會越高，其他若非是主流的選擇範圍內，價錢也會比較低。可在市場邏輯下，你若選擇了越低價的商品來投資，你的脫手率跟增值率也就會成正比的下降，而風險也會相對提高。所以不要拿不同水準的東西來比較，也不要因爲投資預算有限而勉強自己非要投入不可，在置產的世界中沒有退而求其次，只有穩紮穩打，求的是勝率與空間，不是一味地追求低成本。

投資房市，不要空想不勞而獲，更不要把焦點放在短期投機或超短期的轉賣換約，因爲如果你沒有經歷過景氣反噬，就不要小看經濟環境上的瞬息萬變。假設你沒有足夠的資金做準備與最壞的打算，你就不是穩贏的。不動產爭取的是時間效益，在不會有階段性欠缺現金週轉回收或無法貸款的限制與壓力下，放越久的人勝率就越高，所以不要把房子當股票在炒作，房子跟股票也是完全不同特質的工具，走越短線的方式能獲得的利益就會越有限。

物以稀爲貴，是產品增值的主要理由。爲何稀有，因爲沒有了同質性產品的供給量，又或是有著巨大的被需求量，所以產生了價值。所有行情立基點都在於最終使用者的認同度，經過時間的推移與環境的改變跟成熟，這個認同度就會隨之增長，進而成爲了潛力。不需要過度害怕擔憂入手成本在甚麼價錢位階，因爲有人進場就有人出場，這只不過是金流的循環罷了，而你進了場也就等同參與了這個共利框架內，只要城市仍不斷地在發展中，誰也不知道究竟房市最後會落在甚麼行情，但假若你沒有利用不動產的特性來借力使力將現金轉換成房子，那麼你的理財效率將會被大打折扣。

如果還是不能理解需求所帶來的意義是甚麼？可以這樣試想一下：如果你的房子要委託出售，想買的人是十組、還是一百組、或是一千組，那麼你覺得這三種不同的買方數量會否影響到你最後的賣價呢？你覺得想買的人越多，這中間會不會有還想再賺一手的人呢？你看到這樣的買氣盛況，身爲賣方的你會不會坐地起價呢？

但倘若你手上欲售的標的是在蛋白區，是在供過於求的區域內，是小衆產品，那麼你覺得在買方買氣都有限的狀況下，又還能期待會有多理想的價差或增值空間呢？

好的地段入手成本高，但增值潛力與脫手速度是蛋白區的數倍。
好的品牌購置門檻高，但搶手程度與保值效率是次品牌的數倍。
對的產品規劃總價高，但需求比例與價差勝率是小坪數的數倍。

如果你還尚無太多投資不動產的經驗，就不要輕易的下決定，也不需要從別人的嘴裡去找答案，你應該要多做研究、多看屋、多保持客觀的態度來了解市場跟行情，這些都可以彌補你不足的眼光與第六感。從數據裡找個正確與可以說服自己的投資動機跟建立完善的資金運用計畫，這樣失敗的風險就會很低。

千萬不要因爲他人的甚麼話、或自以爲是的主觀或沒有思考到退路與風險的過度樂觀、或完全不懂不了解的狀態下，就隨意貿然的進場，投資是極度理性的、投資是不看自己的個人住家喜好的、投資是低調的、投資是有獨到見解的、投資是有理由的、投資是有計畫的，如果觀念與態度正確，即使沒有太多的經驗，只要資金足夠，基本上是不容易吃虧的。即便受到無法預期的大環境衝擊，時間還是能夠將房價推上歷史高點，只要你可以持有到最後或若干年的以後、或超長期的未來，那麼你都將會是贏家。

【多頭之下，任何一個路人甲乙丙都想透過不動產賺錢，不管是市場上的氛圍影響、還是從網路或新聞上看到一堆可觀的增值轉手行情、又或是從親朋好友的分享得知，這些都無法否認在人性之下，誰不想趁有點機會的時候撈點好處呢？自住客不是清高的，首購族也不一定是如此，在這個手上有房價差你有的熱潮下，很多搶房子的也不過是搶個時機財而已。但只要是以投資的角度來購屋，不要輕而易舉的就沖昏頭地亂買，要保有正確的態度與思

維，才會是常勝軍。】

# 『搶市』

| #市場解析 | 先搶先贏

一間有正常持續在經營的建設公司，無論時機好壞，他們都無法休息，營建產業不能像賣薑母鴨、羊肉爐般，淡季就關門旺季再開門，因爲公司都要養人，公司也都有持續性開銷，公司更必須要維持營收。因此對於建設公司而言，要保有收入，就必須要推案，也必須不斷買土地，差別只在於房市不好時，態度就保守點，建案就慢慢推，反之房市熱絡時，就要積極地趕快開案再開案，拚周轉率，因爲誰都無法預測景氣甚麼時候會反轉。

當建商把房子賣給消費者時，它是賣方。當建商要跟地主購買土地時，它是買方。

買賣立場都是一樣的，當買方對於高不可攀的土地行情，深怕是否會套牢，也深怕這會不會是項失敗的投資。可地主不會管你，價格就訂在那，你要就買，不要就算了，所以當房市冷淡時，地主不會降價求售，當房市熱鬧時，地主一樣會坐地起價，因爲有人排隊買房子，當然也會有人排隊買土地，這就是目前不動產的現況。

當土地越來越少，可建商需要建置的土地量依然存在，甚至因爲要趕著搶時機入市，積極在短期內增加購買超出預期計畫的土地庫存量，導致市場上的供不應求以及各同業內彼此間的布局競爭，一塊地誰想買誰想搶大多都可知一二，於是就在檯面下以價錢來決勝負，看誰願意用更高的房價來挑戰，也因爲市況信心大好，所以建設公司在購地的膽子也就越來越大，於此在行情的推擠效應下大家的成本也就越來越高，自然新案售價就會越來越貴。

建商的進退兩難：

1.買下高價新地與高價推案，永續經營。

2.買不下去眼看土地被買走，收益困難。

尷尬的時局裡規模越小品牌越新的建商就越步步難行，因爲市場上已經沒有那種可以輕鬆推案的標的，要進蛋黃區就要跟中大型建商競爭高價土地，但即便搶到了也會擔憂自己的產品無法賣到那個價位。而蛋白區的地價再也不是過去的水位了，如此也衍伸出即使地點並非在一級戰區內也得要挑戰當區新高房價，總結下來也只剩下沒得選擇的選擇，那只好就順著景氣拚下去吧。

搶市，有幾種意義：
在熱潮下趕快把庫存土地計畫在最短的周期內趕快開案。
將新購高價的土地在景氣還沒反轉之前以合理售價開案。
在這段還會被消費者搶購的時機盡快賺取高額波段收益。

也許有人會認爲賣方都在趁機海撈一筆，但其實現況高價土地的持有者可謂是捧著燙手山芋在擔憂，畢竟風險都伴隨著越趨樂觀的市況在增加，自己的成本這麼高，萬一在開案前又遇到了不可預期的負面狀況，那一套牢可能就不只是幾個月的事，而是被迫長期養地的尷尬了，畢竟消費者高價購屋後還可以自用自住消化時間倒還沒差，但建商高價購地投資卻無法以相同的觀點與做法來看待。

市場永遠都是各種細節與因果在環環相扣著，這邏輯的推行之下大致上可以結論出短期市況大概會怎麼運行，有人推著高於行情的房價並取得了買方高度認同的成績，那麼需求成立，再來就會有人反推這樣的房市可以支撐甚麼樣的土地行情。身爲賣方的地主同時也不是吃素的，能賣高價爲何不賣？你不買下一組建商也會買，他才不會在乎土地到底賣不賣得掉，反正地就在這，能買到能開發的地就是越來越少，地主根本不怕也不管買方有沒有信心，所以整個食物鏈下來，眞正穩賺不賠與暴利的那一方，永遠都是土地的持有者。

供需失衡下的消費者：新案搶不到就去搶中古屋，新舊市場雙漲。
供需失衡下的營建端：蛋黃區買不到就改蛋白區，好壞地段雙漲。

現在的房子人人都在搶，現在的指標建案人人都在排，現在可以做的土地每個建商都在出價，所以要想房價有所牽制，除非這個現象有所緩解，要想房價能夠是健康自然增值而非暴漲，除非土地成本有所合理，否則受荼毒的是所有整個市場中的買賣方，買方嫌貴，賣方何嘗不會擔心受怕呢。

要知道現行準備或計畫推案的建商，在尚未正式開賣以前幾乎每個月或每季都在調整售價，不是往下修，只有往上調，隨著時時都有著正面且瘋狂的市場銷況與訊息，讓各個賣方都不甘願以低於行情的價錢來賣，即便那遠超過持有成本所計算出的合理賣價。爲何如此呢？因爲你不賺，就會被投資客賺走，你不賺，就會被買方賺走，與其輕而易舉地就讓消費者占到便宜，那還不如把這些時機財納入自己的投資利潤中。

【過度短期膨脹的房價是不健康的，因爲它還尚未透過時間消化來證明市場剛需是否可以全盤接受與買單，熱潮之下的轉手交易是彼此之間都有很高的機率是投資再投資的客群。換言之這些快速上漲的房價空間卻會連帶影響著土地與建商的售價，地主看到了新高行情也會將地價跟上相同或更高的比例，建設公司知道了新高行情也同理會再度調整未售或正在銷售中的建案價格，以至於整個市場都因此拉高了價錢水平線。不管是要搶著入市的建案或土地，基本上這個「搶」字就會迫使最後的房價不斷上升，直至房市冷淡到讓買賣方都失去了投資信心，直到沒人再搶的時候，房價才會停止膨脹。】

# 『房市崩盤的理由』

| #市場解析 | 支撐與泡沫

經濟循環充斥著物極必反的原則，沒有絕對性的一面倒，也沒有肯定性的穩漲或穩跌，但這未來的結論，也沒有人能提前預知，頂多就是在經驗上的嗅覺與危機意識、判斷眼光來趨吉避凶。

房市過熱時該警覺，房市過冷時該物色。房價過高時該獲利，房價過低時該布局。甚麼時候該做甚麼樣的判斷是很重要的，那麼在現階段火熱的不動產行情中，也開始傳出這樣的聲音：好景不常，房市要到高點了，購屋者要開始注意隨時可能要面臨到景氣反轉的風險。說這話沒有對與錯，因爲也許事實會如此發展，但也可能不會甚至更熱也說不定。

房市崩盤的理由爲何？先從這40多年來的歷史來找答案。

1.重大天災。

2.金融風暴。

3.政策干涉。

這是不斷強調再強調的實際面，講白了，如果非是此三者的因素，房價要有明顯且有感的打擊，幾乎是不可能的，市場的多頭信心的力量很大，沒有壓倒性的環境事件，就難以產生骨牌效應。反之若在空頭的市場背景下，通常都會耗費不少時間來讓情況由負轉正再變熱，換句話說，高點往下掉是又快又狠又難預期，低點往上爬是又慢又緩又多年累月。

房價是由三個單位在支撐的：

建商：使用金融槓桿在推案，以銀行的錢賺建設加工的收益。

買方：使用金融槓桿在買房，以房貸與時間讓購屋壓力降低。

銀行：用擔保品在放款收息，以房產穩定保值的特性在收錢。

市場機制是建商與買方角力的結果，若供給大於需求則價跌，若供不應求則價漲，而銀行就是行情認證的第三方立場，因爲無論行情是上或下，沒有它們的認同跟鑑價，就會影響放款意願或成數，畢竟現實主義的金融產業是不可能做高風險的生意，同時房市熱不熱冷不冷也不會是銀行在乎或介意的地方，因爲它們要的是長期穩定的收入而非呆帳。

在行情上升的過程中，是這三方不斷將支撐門檻拉高再提升以滿足市場的需求。相對地在行情崩盤的時候，也是這三方不斷在惡性削價以求變現自保後的結果，所以這環環相扣的影響就會在短期內看到市場上有一大堆的房子在賤價拋售。

交易市場上任何單位的信心指數都很重要，一旦某一方信心不足就無法構成熱絡的買賣環境，當三方信心都崩潰的時候，房價就會崩盤，因爲在整個不動產金流之中，銀行都承受了大部分的本金比例，所以買賣方都要支付這利息，手上只要有地有房時就會有持續性的支出，而當景氣悲觀到雙方都不願意或付不出來的時候就會將手上資產脫手，或是因槓桿失衡需要變現抵償其他的債務，一方急著賣，另一方更急著要賣，如果每個人都要賣的話，房價就會降得非常快。

受到衝擊的經濟會如何？

此時房子會沒人看也賣不出去，再來土地也就不會有建商想買，對建設公司來說，不止要拿老本來維持企業營運外，還要再支付投資利息，這壓力大到超過一個平衡時賣方就會降價來維持生存，若財務槓桿運用失當，這排山倒海的債務就會逼迫建商賤價拋售資產。

於此同時，投資者也會有著同樣的情況，在沒有正向金流收入的情況下將考驗著持有者的實力有多少，他們能否在這段時間撐住就是關鍵。倘若大部分的置產投資族群都無法承受這樣的壓力，就會跟賣方開始在價錢上做惡性競爭，你單價降一萬我就降兩萬，你總價降一百萬他就降兩百萬，直到行情水位低到買方支撐底線才會停止。

如果發生這種事，就會看到整個市場信心崩潰，在台灣不動產發展的歷史中很少有這樣的案例，最嚴重的一次是921大地震所帶來的房市衝擊，當時在台中都會區的房價是不到兩個月的時間就被腰斬以上，跌幅最慘高達7成，恐慌拋貨的程度是前所未有且難以想像的，有經歷過那段時間的同業走到今天都會告訴你，在那時期把台灣地圖攤開隨便射飛鏢，不管是土地住家店面，射到哪就買到哪，放到現今的話，行情至少超過跌幅最低點的4倍以上。

很多人會問，現階段看似在膨脹的泡沫到底會不會破或何時會破，都為此感到憂慮。泡沫確實存在，但大部分的人會認為行情破滅立基點的理由在於房價太貴太高，也會以此延伸出一般受薪族根本買不起或收入追不上房價等等的論點來歸咎房市遲早會崩盤。

其實應該這樣想，如果沒有外在的衝擊，以台灣的房市環境跟文化與政治特質，自然市場機制下造成的崩盤機率可謂微乎其微。白話文就是不管買空賣空的短期投機炒作也好，還是新建案的買氣行情屢創新高排隊搶購新聞不斷也罷，這些快速膨脹起來的房價，若沒有政府針對政策干涉或金融風暴與天災的話，它還是會一直被哄抬上去。因為除了這三者原因外沒有人可以阻止消費者想搶著買房的意願，這也是個無奈的結論，所謂的物極必反，不是種可以被人為操控或計畫的現象，那是種自然因果關係，但這個極的定義在哪裡，也沒人可以說得清。

房價會衝到40萬一坪？50萬？60萬？到哪才會停？實在不知道，回想一下，在沒有捷運的台北市與之後的環境改變，過去誰也想不到台北的房子可以每坪破百萬，如今首都核心幾百萬單價或幾億的房價看起來也不過是稀鬆平常的事了。

買房購屋是自住用，就別考慮何時房價會崩盤，也許那天到來時，你我都七老八十了，不要拿自己的青春去賭那個不知道何時會發生的未來，這樣太不切實際，還不如想辦法多多爭取持有房子的時間，這樣做才會比較順應台灣的經濟環境。

如果是投資置產用，只要財務跟槓桿運用是健康合理的，同時又有一定程度的風險備用金的考量，基本上即便崩盤也傷不到你。不要過於貪心也不要執著於短期就要賺到價差的話，房子就是非常穩定又妥當的存錢工具，時間長了，資產價值也就跟著漲了。

【不動產會被稱爲景氣火車頭，除了代表著內需最大金額的商品外，最主要的還是來自於金融單位所投入的金額，雖然銀行不是直接購買持有，但所有放款出去用作購置房產的行爲其實也等同變相在投資這個領域上。同時房地產也反應著，因經濟運行的正面效應下讓大衆游資旺盛，只要錢多了，人們就會願意出手買房或投資，以此產生了信心。所以崩盤並不是甚麼好事，那也代表著大家的生活都不好過，因此在房價崩跌的時候，敢在此勇於進場的人總是少數。眞正會造成崩盤的理由所帶來的民生恐懼是極端的，如果有體會走過過經濟慘淡的人們會告訴你其實他們一點都不希望房市會崩盤。】

# 『後房價時代』

｜#市場解析｜打房助漲

隨著政府打房趨勢明朗，不動產市場即將進入「獲利歸公」的時代：
房地合一稅新制所帶來的影響範圍甚廣，上至地主下至一般消費者，全民皆傷，唯有政府得惠，透過稅收來擠壓所有食物鏈全層面的收益。這能夠抑制房價嗎？很難。

三管齊下的打房政策，會產生甚麼漣漪呢？
土建融信用管制：原物料已經面臨巨幅漲價的窘境，疫情影響造成進口可取代之建築相關原料限縮，只能仰賴國內供給，且大量缺工缺料形成營造源頭上的惡性競爭，廠商坐地起價，建商無奈之餘只能任由宰割。加上央行緊縮建設公司的槓桿彈性，建案開發成本與門檻大增，令中小型規模建商生存困難。於此之後所有庫存之土地賣方都會採取「緩推」方式來彌補這失去的利潤空間，簡言之，越早推案公司損失就會越大，越早開發毛利比就越低，尤其預售屋，所以慢慢推、慢慢賣、並且賣超出原預期的價錢，會是後面市場的主流趨勢。對買方來說，未來推案量會縮，價漲，買房更加困難，剛需與首購更加痛苦。

實價登錄2.0：讓預售屋的成交價錢無所遁形，賣方全面走入不二價的方式來應對，所有市場上的建案售價都將會有一定水位的統一行情。不再需要議價過程，也不用再擔心自己殺的價格是否划算，消費者只剩下要與不要的最終選擇。承上述，未來買方也將被迫認同整個不動產市場的行情與房價，就算有許多的抱怨跟憤怒，也無法改變這個趨勢。同時打擊短期投資客，建商也將爲了避免違規與麻煩，爾後預售換約的成交量將大幅降低，等同強迫回歸房地產必須要長期持有的特性，所有賣方也會很有默契地將綁約條件與時間提升。

房地合一稅升級：原持有的2年限制延伸到4年，如此一來，中古屋的供給量將會縮水，在買方買不到房子的狀態下，中古行情將會比現在有更劇烈的上漲幅度，2

年時間可謂是天地之差。當預售新建案跟中古市場雙雙同時供給量縮是一件非常恐怖的事情，要知道房價暴升的原理都來自於供不應求，這個狀況若無法平衡甚至加劇，那要抑制房市根本是天方夜譚。

總結：全球量化寬鬆加上疫情帶來的經濟變形，很多生產製造業都受到了波及跟嚴重影響，不再只是單純游資跟很多投資行爲興盛的問題，而是全面性的通貨膨脹。於此時這三重擊的打房政策，來得又快又臨時又沒有緩衝與配套空間，是過去所沒有的狀況。這對有房子需求的自住客來說，是毫無利多可言的。

想想，建設業土地槓桿提升開發與營建成本提高、稅收增加，如果建案售價不提升，那建設公司根本就很難維持營利，頭尾都被壓縮，中斷空間怎麼可能足以維持營運呢？所以基本房價越漲越多是必定會發生的事實，建商爲保存有效率的去化量來控制可接受的成本漲價幅度，不會再像近兩年那樣搶著開案。假設原本一年會推1000戶的量將會萎縮一半以上，如此以來是更棫加難滿足市場的需求量，房價不漲都難。

再想想，如果你持有的房子想轉手，爲爭取最低的房地合一稅比例普遍人人都會放2年再賣，可現在這個比例變成要放4年才可取得，那等同每個人都將會在持有4年後再轉售。假如中古市場中的每個屋主都是差不多的想法，請問又有誰會在持有不到4年的時候來出售呢？那是否這樣將會產生仲介能夠開發的物件與難度大幅提高變成供給量會是現在的一半不到呢？那麼如果你是一個現在馬上就需要住房買房的人，你覺得屆時你的選擇性會不會比現況更少更糟，價錢比現況更高更貴？

房價它是有一定程度的比例在分配，有土地、有營造費、有管銷、有雜支、有利息、有各方面都需要的利潤等等、當然還有最重要的稅金。當這層層之中的數字在往上走，而其他空間卻沒有被調整的彈性，自然只能加在房屋售價上，自然只能透過市場上廣大的消費者與買方來吸收。

換言之，稅金越重，門檻越高，成本越貴，當然房價就沒有下修的餘地。這道理如同你把自己的房子賣掉後，原本只要10%的稅爾後卻加到40%，難道你會願意賺了價差卻賠了稅金嗎？難道你會心甘情願的吐出那獲利的空間嗎？所以賣方會把稅的比例轉嫁給買方是很正常的作法也是很理所當然的事，這環環相扣之下，原買方吸收了這道成本，當此買方變成賣方要轉手時，也會加諸在下一手買方身上，以此循環，房價又怎麼可能會下降呢？

美言之是打房，但充其量卻只是政府要吸取更多不動產市場上的金流到國庫而已，既能對大衆聲音有交代，也可以滿足無房者的心聲，賺了熱度又蹭了後面的選舉聲勢，何樂而不爲？但這眞的打的了房嗎？很難。

【以後的市況，是助漲，也是在變相推動持有房產者可以放更久的時間來擷取更大的獲利價差。未來，只要手上有房子的、只要不缺錢的、只要貸款與負債比沒有壓力的、只要繼續囤房的、只要是資產不動產化的，會越來越有錢，財富會越來越大。然而那些沒房子的，將會更難買房、更難認同房市、同時也會對打房政策心灰意冷。言而總之，如果你是個自住客、首購族，有需求但卻不肯買房，還在拖遲，那麼變相耗損的以及承受劇烈損失的，都會是你自己，趕快買吧。越是自用者，越該現在即刻解決買房的問題。】

# 『買不到房子的憤怒』

## ｜#市場解析 ｜買氣大爆發

房市走入近20年的最高峰期，消費者也面臨在購屋上的困擾而產生高度民怨，以往買方可以有很多的時間來考慮猶豫比較或殺價，現在卻都沒了。應該這樣講，只要是指標區域的建案或不錯的地點，在人人都在搶購的狀況下，買房子已經不是件容易的事，買到自己喜歡、滿意的房子更是可遇不可求。

這樣的狀況，也讓仲介或投資客嗅到時機財的空間，於是想盡辦法在建案開賣以前就來卡位，價錢已經不再是他們考量的重點，而是手上要持有個幾戶做布局。現在買房速度就是決勝關鍵，要比其他人更快知道新資訊，要比其他人更快買到，要比其他人更快擁有，這時候在有限的市場供給量就會被壓縮，讓自住客措手不及也反應不過來。所以大家得到的賣方訊息永遠都是一開案就賣完、秒殺、完銷，連看的機會都沒有就結束了，眞想要買也只能去找仲介尋求轉手戶，眞想要買也只能被迫給投資方賺一手，眞想要買也不得不提高成本。

這種現象也普遍讓想買房的人最後只有兩個選擇：一個是等待下一個新建案，另一個就是給投資方得逞。通常選前者是因爲不甘被提升的價格行情，然後就開始進入惡性循環。下一個新建案又一次再一次的被搶光，售價一個比一個還高，甚至最後還高過當初投客要轉賣的價錢，於此這層憤怒就隨著時間往上升溫，也許埋怨政府不管房市放任市場賣方坐地起價、也許怨恨建商代銷爲何總是要先賣給這些投資單位、也許忿恨房價都是被聯合炒作的。

將因果邏輯推陳上去看看：

如果沒有需求量，就沒有供不應求。

如果沒人要搶先，就不會快速完銷。

如果沒有投資客，就沒有價差空間。

如果買氣很低迷，就不會有人搶市。

如果供給量足夠，就沒有坐地起價。

如果選擇性夠多，就不會買不到房。

如果市場很穩定，就沒有憤怒民怨。

因爲土地無法滿足購屋需求比例，所以一開案大家就搶。

因為人人都想要賺這波時機財富，所以行情不斷被墊高。
因為各種訊息媒體渲染房市大好，所以買方怕買不到房。
因為熱度產生消費者的恐慌心情，所以沒辦法接受事實。

在人性上，有錢賺，誰不會賺呢？能輕鬆賺，誰不要賺呢？買間房子一下子就是7位數價差，誰不想投資呢？買個預售屋隨便換約轉手低風險高投報，誰不想搶卡位呢？

中古市場上，仲介現在拚的是開發委託，因為房子不夠賣。每一個屋主丟出來的物件是屢創新高成交天價。

新建案上，建商無法接受買方短期就能賺取不少的價差，所以自行把售價往上拉再拉，調價再調價，直到買方獲利空間被壓縮到極限為止。

在市場上，如果新案中古兩者市場都大好，就代表這是全面性的效應，買方不只很難買到新案，就連中古屋也很難買到自己滿意的標的。為何行情一直往上走，除了賣方想賺得更多之外，還有更多的買方願意加價甚至競價只為求得一屋。

其實只要預算無所限制，應該沒有買不到的房子，只是看自己甘不甘心罷了，只是看自己要不要去接受市場機制後的結論，只是看自己要否去承擔那增加的購屋門檻與壓力。
比如說：買不到新建案，加價跟仲介或投資客買，其實還是買得到。
比如說：買不到中古屋，一毛不減用開價來成交，其實還是買得到。
雖說如此，但不是每個消費者，尤其自住跟首購族都能接受，因為他們的認知是為什麼我要加價，為什麼我要買這麼貴，為什麼我要去吸收那膨脹後的空間，當市場行情快速地在變化，買方更難以認同這樣的結論，所以將這些不滿，歸咎在賣方與政府上。

搶房，有人叫你搶嗎？
排隊，有人叫你排嗎？
加價，有人叫你買嗎？

市場機制是自由的，也是自然而然的發展結果，賣方能夠掌控的影響因子其實並沒有那麼大，投資客或仲介也是。所以爲何有今天的現象，最大的原因在於：就是有很多人想搶要搶、就是有很多人想排要排、就是有很多人願意加價買房，可能你不想承認也不願意正面看待，但事實就是如此。

反過來講，今天多頭時你抱怨炒房、行情、買不到房。可若眞打房了，金融風暴來了，房市崩盤的時候，其實你也不一定會買。爲甚麼呢？因爲大家都想進場所以買氣蓬勃信心大好，反之沒人願意進場的時機當然你也會害怕此時購屋的決定是否會吃虧。

房市好，需求者開始埋怨。
房市差，需求者開始悲觀。

所以觀念決定落差，思維決定勝負，情緒無法改變市場，任性也無法幫助你能夠順利度過購屋的階段。

【房子就只有這麼多，想要的人遠比房子數量還要更多，賣方又如何能夠定義這些房子要分配給誰呢？給了左邊右邊的人不開心，給了右邊左邊的人又不能接受，與其要將買不到房的憤怒歸咎於建商代銷或政府上，不如多做點功課，積極地來面對買房這件事，也別老是想著賣方總是會爲你留下一間屋子或那些全都是演戲都是假的，因爲事實並不是這樣的。請記得，你不搶別人正在搶、你不排別人正在排、無論如何，成功的人比你更努力，爲了房子，難道不該要比這些投資客、仲介、在搶在排的人來得更努力嗎？】

# 『大新竹不動產分析』

｜#市場解析｜起承轉合

今天的新竹，十年前的新竹，二十年前的新竹，大不相同。從最早只有米粉貢丸到現在的竹科與台積電，所帶來的城市改變及不動產面貌與消費特性，是完完全全的不一樣，這進化跟蛻變的速度，不僅讓在地人們生活更加方便外，也更引以爲傲。

說到新竹的發展，更可以證明房地產需求所帶動的力量。92年的竹北高鐵站是最初始的開發源頭，竹科所帶來的就業環境也讓新竹成爲了人口高度流入的區域。在到100年的快速蓬勃期，金融風暴過後的復甦，讓不動產成爲許多人快速滾動財富的工具，建案數月內完銷也不是甚麼大新聞，指標建案漏夜排隊、案前操作紅單買賣也是從這個階段開始萌芽。直至103年房地合一稅上路後，經過三年的冷淡調整期，這時也直接證明了區域市場強而穩健的資金配置，雖然交易量步入歷史冰點，但房市行情卻沒有明顯的波動。爾後到了今天，竹科又再一次用事實告訴大家，房價沒有極限，只怕買不到房。

新竹的買方有多特別：

1.喜歡買得比人快。

2.要買得比別人好。

3.要買得令人稱羨。

4.要買得足以炫耀。

5.槓桿運用比不高。

6.深不見底的預算。

7.沒事就看房買房。

8.資訊交流速度快。

9.容易受同儕影響。

10.極易隨波逐流。

景氣好時，人家問你爲什麼買房？時常得到的答案是：我也不知道，人家叫我買我就買了。人家跟著買我也就買了。我看大家都在買，現在不買好像是笨蛋。

景氣差時，人家問你爲何不買房？時常得到的答案是：人家說不能買，我就不敢買。人家說現在不能進場，我也覺得頗有道理。人家沒買，現在買了好像是笨蛋。

大新竹是新竹縣市整體的合稱，照不動產供給需求分區以下：

新竹市區、南區、東區、南寮、牛埔、香山、寶山。新竹縣竹北、新豐、湖口、新埔、芎林、竹東。

最爲指標的兩大區域爲竹北與新竹東區關埔，這兩地的自然需求比例就高達50%，也是目前全新竹在交易量與行情跟地價最爲火熱的地段。其他地方的需求比例就是零星上的結合了，不過走到今日，其實現況不少蛋白區也都遍地開花，發展相當快速。

城市熱不熱鬧，看車潮就知道，從平時上的塞車困擾，或隨著時間越加堵塞的交通問題，就可知其人口有無增加的趨勢。假設你是新竹在地人，會相當有感早期新竹沒甚麼連鎖品牌商家，到現在的琳瑯滿目，甚至可以不用再特別跑去外地。從匱乏的醫療資源到逐漸成熟的醫院體系，從許多的商店種類與越加豐富的消費選擇到年年攀升的公共交通人流。不得不從此否認新竹的消費能力是相當強大的，不動產對個人來說也許只是一個單純的住家需求而已，但對整個城市而言，其實也是一個極大範圍的機能集市推動的能量，它不是只有買賣，而是當這個市場龐大到成爲是一種主流的時候，人住了進來越住越多就會產生更多食衣住行的需要，而有了這種需求，各行各業就會發現商機進而布局進場成了供給鏈，此時城市就會透過時間活絡了起來。

新竹的買盤力量大約分類爲此：

非科技業的剛需，預算有限，但也頗能接受房價事實。

科技業的首購族，預算較高，普遍都還能負擔蛋黃區。

科技業的投資族，預算無限，大額金流在房地產滾動。

小資族的置產客，資產配置，積極熱衷想從房產理財。

理智型的置產客，房東收租，將儲蓄轉換成被動收入。

專業型的投資群，槓桿操作，掃房炒房都脫不了關係。

週期性的換屋族，以小換大，房子賺了錢想換得更好。

金字塔頂豪宅客，頂級消費，就是要買高檔特殊產品。

新竹現今的不動產特性：
指標型的新建案，自住投資都在找管道提前卡位。
熱門品牌新建案，買到必賺無論如何先搶了再說。
二三線品牌建案，先求有再求好深怕買不到房子。
蛋白區其他建案，比常態順銷也能在預期內完售。

所以以上結論造就今天很多購屋族的窘境，即使提前知道哪裡有誰的土地何時有誰要推案，沒有三兩三，也是一屋難求。也不是價錢的問題，即便跟幾個月前的行情比較已然跳高了一大截，還是買不到房子。如今許多建案狀況是在尚未開案前都早已被許多關係或人脈管道等等的被預訂塞爆一空，因此才會產生出許多被自住客詬病與抱怨的亂象。

大新竹的土地供給狀況也是面臨相當大的壓力，極有限的土地開發不易，成本很高，面積不大，於此也讓不少建案普遍規模戶數都不大，根本不需要甚麼廣告就可一瞬完銷，市場能供給的戶數不過也就這麼多，完全無法滿足年年增加的基本需求量。雪上加霜的原物料與營建成本又快速膨脹，讓蛋黃區的房價行情跳了大段上來，蛋白區的價格也不遑多讓，今年的新竹縣市，可謂是完全幾乎不會再有一字頭的單價出現了，指標新建案更要上看將近成交均價50萬一坪。

分析過去，可能對現有的買方幫助不大，不過也許卻能夠對近幾年才在新竹有購屋需求的人可以了解些在地市場的生態與過程。買房，從過往經驗裡找法則，從現在時間點裡找機會，從未來趨勢裡找方向，做對了正確決定，自然就會對自己有利。

後市怎麼走，單價行情如下：
竹北一線品牌建商或指標地段：成交均價45-50萬。

竹北其他品牌建商或二選地段：成交均價35萬以上。

竹北寶佳系列建商或三選地段：成交均價25萬以上。

新竹一線品牌建商或指標地段：成交均價40萬以上。

新竹其他品牌建商或二選地段：成交均價28萬以上。

新竹縣市蛋白區或非主流地段：成交均價20萬以上。

以上皆爲最低地板價格起，意味著高成本高通膨的時代來臨，大新竹區低於20萬以下的行情將徹底消失，熱門地點或新購土地之建案，行情更無法與過去相比擬，更可說是以一種新房價姿態更新在市場上。對眞正的需求者而言，眼下不買，爾後考驗更是嚴峻。

【對外地購屋的人來說，也許新竹獨有的市場與買方特質好似很傻，其實正確地來說，新竹現今有各種奇蹟，就是這種傻勁所創造的。不管是不動產也好，還是在其他周邊的各種消費力也罷，努力賺錢後的理財投資或刺激區域金流，這不都是很普遍正常的事嗎？最少在最低潮的環境時足以證明這個小城市有相當足夠抗跌的力量，這非來自有他，而是在於這些被笑著傻子的人們比一般人更懂得甚麼叫風險管控與理智型的資產配置，雖說沒絕對，但最起碼在新竹這樣買方的比例很高。】

# 『低利影響後的房市』

｜#市場解析｜通膨世代

經濟，是金錢滾動後所造成的市場。全球低利環境所刺激出來的效應就是錢會越來越薄，物價越來越貴，熱錢越多，投資環境興盛，但是否你我都有因此得惠，就因人而異了。

爲何要創造量化寬鬆？其目的就是要解決實際並沒有很好的經濟狀況以達紓困的效果，如下例：

假設A欠了B一千元，B欠了C一千元，C欠了A一千元，在三者之間的負債總額爲三千元，此時政府給了A一千元，A還B、B再拿來還C、C再還給A，此時這三千元的債務就以一千元的代價全部清償了，這金流的滾動效益就是這樣以倍數在增加的。

那麼加上消費、投資、生意上的買賣，就成了更爲複雜龐大的系統，最終透過時間所累積起來的就是經濟價值上的天文數字，而美國就是這循環下最大的受益者。

以此類推，其實QE或低利不應該是買房子主要的動機或原因，而是要去思考在這種經濟戰之下可能會帶來甚麼後果，比如惡性通膨、原料高漲。當這種結果發生的時候，人們該用甚麼方式來降低自己被負面影響的機率，因此不動產就成了最理想的工具，也可用作一種避險方案，這才是購屋最重要的考量，防守住自己努力辛勤存下的財富不要被打折也不要越來越廉價。

要知道每一個人都不得不依照這樣的遊戲規則在生活，完全沒有選擇權也不能不玩，你手上的每一分錢，都可能會因此受到影響。加上疫情暫時沒有趨緩的現象，美國更加大這樣的QE規模與金額，照還沒實現在實體投資項目的額度上來評估，未來的股市跟房市還會再繼續漲。因爲這些加印出來的鈔票還沒消化完，如果這些金流滾動到台灣的時候，幾乎所有的投資型產品都將推升到更高的數值。

這樣的經濟效應雖然是空虛的，但卻會帶來人們在使用金錢上的改變，比如開銷成本增加、購屋成本增加、民生必需品的一切費用提高、奢侈品的價格變貴、連汽機車也不斷在漲價。所以你該怎麼辦呢？該如何抵抗這樣的低利洪流呢？該怎麼隨波逐流與順應時代並借力使力創造有利於自己的局面就成了很重要的事。

利息低，就是在刺激鼓勵全民多借錢出來運用，讓大家都盡量將金錢灑到市場之中，而最大宗也最輕鬆的貸款項目不外乎就是房貸，而買房子也是最普及單純的「投資」。這不一定要以短期獲利爲目標，但這卻是一個放鈔票最安全的地方，因爲只要房屋增值了，你所受惠的就不只在這些額外價差上，相對你因此避過了通膨的影響，因爲你的強迫儲蓄讓貨幣價值也這樣跟著上升了，但如果你沒把錢放在這裡，你所支出的其他消費卻會被物價吃掉幣值空間，一來一往，差距是很大的。

當然了解明白這樣趨勢的人也很多，當實際投入資金的量能達到一定的程度就會成爲有熱度的景氣氛圍，獲利者再持續循環複製同樣的模式，就會將市場與行情滾動起來，如此假使你不在這個共利圈裡的話，透過時間你無形的資產價值就會落後很多。

所以知道這樣的邏輯，就大致可得一個發生率極高的結論，就是房價在量化寬鬆之下只會越來越貴，而買盤的進場信心指數也只會越來越高，此時若你是個自住需求者，沒有跟上這樣的列車，未來你就要用更高的價格來買一樣的東西。

低利世代，通貨膨脹勢在必行。
熱錢竄市，投資行爲熱絡瘋狂。
鈔票變薄，財不流通就越貶值。
原料上漲，不動產不可能跌價。

市場上錢多了就會流到資產上，房地產必定是絕對性的目標，所以房價必漲。通膨影響下營造成本提高，房價必漲。低利產生的購屋動機大增，買房的人變多，房價必漲。投資行爲熱潮，願意進場的投資信心變高，房價必漲。所以在低利之後的房市，只有一個結果，就是房價更不可能走回頭價，只會上，不會下。

爲何這麼斬釘截鐵？應該這樣講，如果突然你多出了一筆錢，你會拿去存？還是拿去投資？這個答案，就是QE後的結論，每個人都會選擇最佳的資金用途，不是買股，就是買房，再怎麼無法認同，這都是事實。尤其在台灣的不動產現況，需求者早已無法代表全部的市場了，換句話說現在相當普及化在投資置產這件事上面，人人都開始理解也發現這樣的現象，且這樣做的人也越來越多。在所有購屋的人裡面，眞正拿來住只占了六成，其餘全部都是把房子當作放錢的地方或投資，當大環境的經濟走勢越往印鈔票的方向走，這些買房動機就更熱絡，願意接受新行情的人也就跟著變多，房價也就這麼自然走高了。

【排斥自己不想面對的事實沒有意義也不會對自己帶來幫助，所以那些喊著房價必跌的人是永遠看不到他們想看到的美景，依照現況的經濟趨勢來看，那更是痴人說夢。不管怎樣，有需求就應該去買間自己喜歡的房子，即便當下的價錢你很難接受、即使爲買一屋可能生活品質會下降，但你只要買下去的那一刻起。你同時享受了極高效率的儲蓄、抗通膨、增值的好處，總該是要爲防守住自己的資產價值來盡點力吧？在那邊敲鍵盤的取暖，你也無法改變這巨大資金洪流的去處。】

# 『學區魅力』

## ｜#市場解析｜好學校就是買房利多

古有孟母三遷，現有學區搶房，為了孩子們就學上的優質發展空間，好學校或重劃區中的新立學校都成為了現代購屋族的重要考量之一，甚至也在房價增值上也有很明顯的落差。

住宅的條件不外乎生活上的一切都將圍繞與此作為核心，需求者除了生活便利、地段佳、動線順暢、機能性外，對於下一代的重要考量就是學區，畢竟房子不是只住短暫幾年，孩子的義務教育也是將近十年的周期，如果學區選得好，買得近，不僅可以省去大把接送的時間外還可以得到優質的教育，並且這雙贏的住家利多可以維持十年以上，所以好學區之中的建案都能保有相當高的價值性與競爭力。

甚麼客群最在意學區？這同時也是在買方金字塔中最底層、最廣大也最為基礎的首購為主：他們面臨第一次的購屋需要，可能準備結婚中、可能剛結婚、可能準備要生孩子、可能孩子還小、可能孩子準備要入小學中學等等，這人生階段的必備性幾乎都充斥在30-40歲的人最多，再者就是首次換屋的。至於其他需求在中大型坪數產品的消費者，學區就比較沒有那麼重要，因為這樣客層的年紀也都偏高，此時孩子也都大了，學校差異就不會是他們買屋考量的重點，甚至還會嫌學校吵雜或尖峰時刻的壅塞而影響居住品質。

學區的魅力，不僅從新建案的熱門度與行情可以看到，從中古屋的市場之中也能明顯感覺到價錢上的落差，這種現象在新發展區域之中的重劃地最為明顯，換言之雖說在具歷史的老舊城市中也有許多相當好口碑的老牌學校，但跟新環境新創立的地方比起來依然較為遜色，這也是某種層面的市場機制，代表隨著時代的推移，人們買房子的趨勢與看法觀感，一代一代都在更迭，現在的年輕人與首購族，更喜歡買在未來無限大的地點，即便當下可能都還看不到太多實體的畫面，但只要有時間變化上與發展的潛力，還是會成為當紅炸子雞。

有人從學校預定地就開始買起而期待它成形，幾年過去這個願景也成爲了事實，那麼也剛好這樣的學區集合了新興外地人的集中處，慢慢地也受到了關注重視快速提升了就學素質，再沒幾年，就成了明星學區，環環相扣之下也把範圍內的房價推升起來了，加上供不應求的效應，想入住在此的人越多，熱門指標也就這樣被市場拱上檯面。這樣的循環在近15年內的全台都會區都有不少的案例可以看到，如今新式中小學的林立，其實沒太多因少子化議題而感具有負面的影響，大家買房子，還是非常注重學區優劣，是現在看屋會必問的問題，同時也是會參酌是否要決定下去的重點考慮因素之一。

很多時候買房子會願意多花點錢多提高些預算也都因爲是做長期打算長久之計才會如此，有的人是希望孩子讀得好一點，但也有更多的人是爲了距離。只要能讓家庭上的生活更方便，買得貴一些其實也還好，畢竟那每天可以省掉的時間累積起來也是一種品質上的提升，讓孩子可以自行去上下學，又或是即使要接送也不用太浪費交通時間。相形之下也可以降低很多爲人父母的生活壓力，不然其實要取代的便宜方案很多，爲什麼學區宅就是硬生生的比別人貴呢？就是因爲大部分的人都希望買得比人好、住得比人好，所有一切有無形的住宅條件都是完美的。

在市場結論之中，你也可以這樣來思考你購屋標的選擇方向：既然學區與距離是房價的增值保證，就可依此來判斷置產比較的優先順位。

價錢還沒那麼高的，就買學校預定地周邊。

價錢還在中段位的，就買剛成立的新校旁。

價錢已經在頂端的，就買最成熟的好指標。

看自己在人生階段上的需求有沒有那麼的即時性，畢竟學區的使用上大部分的人都還是會參照自己孩子的年紀來推算時間，但倘若還未到上小學的時候，其實你也可以不用即刻去追逐那已經成熟的最高價目標，萬丈大樓平地起，現在你眼前的新興明星學區，也都曾有過周遭空空一片的過程，所以無論學區還是不動產的魅力也都在於此，看不到的未來令人擔心受怕，相對地也是讓人期待，而事實也總是再不斷證明那種環境上的變遷與進步都會讓資產持有者帶著甜蜜的微笑。

新立學校的密度與發展速度，同時也可證明當區域的成熟程度，因爲在城市進化的過程中，公立學校總是開發最慢的單位，因爲它必須透過實際的數據讓政府有感實際人口需要上的供不應求，但當這個條件還沒滿足的時候，那學校預定地就會空泛很久，直到房子越蓋越滿、直到土地越來越少、直到入住人口越來越多、直到集市率越來越高，所以一個重劃區的新立中小學越來越密集時，也同等證明這樣的地段條件越來越受市場認同，當然房價行情也會跟著越來越貴。

【買房子很多時候都需要先知先覺，尤其重劃區、尤其預售屋，這個時期的買房成本在時間軸上都會是最低的。但若你後知後覺，看到現況與實際樣貌時才要買，那就不可能買到回頭價。好的學區人人搶，即便在貴也是無所畏懼，因爲大家都知道已經是被公認的事實狀況時，你不買別人也會買，自然價錢就會被學區利多跟誘因拉抬上去。但其實你還是有不一樣的選擇，就是刻意去買在目前還是空地的學校預定地附近，因爲新的買方流入在僧多粥少的情形下，還是會集中流入到開發較爲晚期的地點，但那也只是時間問題，遲早它們也終將有機會成爲若干年後的明星學校。】

貳

# 地產知識

『基地規模』

『建築規劃邏輯』

『新加坡式建築』

『如果地價能夠被控制』

『如何有效解決公設比』

『原物料的影響』

『不景氣下的產品』

# 『基地規模』

｜ #地產知識 ｜ 規劃設計基礎

在一塊土地的取得之前，建商會先行做好開發價值上的評估，能做多少的坪效？能賣甚麼價錢？要設計甚麼產品？要規劃甚麼建案？都會有既定的雛型認知後，才會考慮是否要承購，而每個推案與社區的核心靈魂，都在於當案基地規模上。

土地分區有低密度的矮房區、中高密度的高樓區、超高密度的商業區，臨路多少面、臨路路寬、面積大小，都會有不同的結論。很多時候並非如消費者所想，愛蓋什麼就蓋甚麼，想做甚麼就做甚麼。基地本身的條件會限制住很多規畫彈性，於此設計跟建築強度就很容易顯現出建案彼此間的競爭力與差異性。

產品上，總各有優缺是買賣方得斟酌的：
商業區：發展核心，但戶多人雜。
住宅區：靜巷住宅，但非機能帶。
透天區：地段較偏，但環境清幽。
戶數多：管理困難，但管理費低。
戶數少：社區單純，但管理費高。
公設多：豐富好用，但維持費多。
公設少：單調空泛，但不須維護。
高質感：整體感優，但房價很貴。
首購宅：普通平凡，但價錢親民。
規模大：巨型鳥籠，但入手容易。
規模小：居住感佳，但不易取得。
地點好：指標搶手，但門檻較高。
地點差：便宜好買，但沒人會搶。

「平衡」，一直都是買賣雙方該追求的客觀態度，好的東西不便宜，便宜的東西必定有它的缺陷。土地更是如此，人人都想搶著開發推案的目標，自然行情不斐，那種賣了很久乏人問津的，多半是投資價值不高才會被忽略，同時景氣氛圍也會占據很大的影響要素。時機好，每個建商都大膽拉高成本搶地布局，甚麼大塊小塊，只要能做能搞的，寧可錯殺也不可放過。買氣低迷時則反之，做保守穩妥經營，此氣氛之下賣方對基地的挑剔程度就會提高。

臨路多，住宅主面向的設計彈性高。
臨路大，住宅的基本棟距就會增加。
基地大，住宅內側與中庭棟距較廣。

臨公園，住宅的視野採光通風極佳。
獨立地，住宅不受周遭建築所影響。

土地百百種，在開發上各種類型狀況都有可能會遇到：
高低差、抗性多、出入小、臨路條件差、畸零地、形不正、鄰周建築老舊或難規劃、口袋地、山坡地、棟距淺、採光通風不佳、方位朝向不好、等等眾多因素，但這些不利的條件只要落到一個大師或有理念的建商手裡，也很有可能將糞土變黃金。反之，一塊優秀的基地也許因經驗不足、沒有想法、不用心的設計者與太過隨便的賣方，導致最後變成一個尷尬又奇怪的建案。

買方畢竟不是專業人士，所以無法判別究竟甚麼樣的建案是用心規劃還是複製營利？透過銷售單位的包裝後，總是可以如障眼法般的模糊掉買方的關注力。規模越有限的土地，越需要巧思爲居住者創造更多的細心處，業內大多可見的不過就是基本套路，任誰都能做出差不多的結論，既然如此，招牌名字又有何差異呢？以同業的角度而言，一個很棒的案子也會成爲大家欣賞與稱羨的茶餘話題，但普通的作品卻也不過是喔的一聲就沒其他下文了，因爲看得太多無感了。其實作爲一個賦予其靈魂的角色跟立場，不是應該要更細心在作品跟原創上嗎？不論設定的價位如何，總會有高價的奢華與低價的巧妙，創意不該被調性與價格所限制住。

窗戶開甚麼方向跟角度。
採光跟通風的相互應用。
格局如何跳脫傳統思維。
動線可否能更順暢好用。
空間要如何更有效利用。
建材設計觀感與眾不同。
尺寸巧思參與設計妙想。
裡外陽台如何多元運用。
房間浴廁加入原創風格。
住家基本配置大膽創新。

其實不是沒人想做，而是怕做了不被市場買方接受。大多建設公司都希望以穩定、不會有太多問題的服務上來執行運作，不願爲了那些因突破而做的調整來承擔麻煩，所以遵循舊有經驗是最保本的做法，也擔心過多的創意，最後成爲實務上的不便。小規模的傳統建商更是如此，所以想做與怎麼做跟開始執行去做，到做了之後發生的困擾該如何解決都是不同碼事。不過，近年也因爲數位時代崛起，品牌力轟炸的市場趨勢跟流行，有許多新創或交棒的賣方開始積極轉型，甚至從建築設計上就開始從基本用心貼心了起來，有些公司做到的是不過百來坪的土地與超小規模的建案就開始著手紮根這樣的方向，這些建案的市場結論與反應都受到買方不少的肯定，當然銷售成績與口碑也自然獲得不少的正面成果。

在不久的未來，也許這種現象慢慢的會帶領台灣不動產業界的進步，傳統的大衆作法也慢慢會式微夕陽，競爭力的版圖重新打散重組一直都是年年在發生的事情，大品牌不見得有利，用理念在打造建築的品牌卻可以不斷地成功挑戰奇蹟。一生懸念能用作高周轉率的商業化營收，當然也能將理想平衡出來後反映在建案上面，倘若能做到不管是大規模或小面積基地都有著如此堅定決心的話，品牌力的底定也不過是時間問題罷了。

【用心細心貼心，本就不建立在複製貼上。而複製貼上，本就不存在有多用心細心與貼心。因爲根本感受不到也看不出來，眞正出在於細節裡的魔鬼，是用別人不敢用的，做別人做不到的，規劃別人不想規劃的，設計別人不願設計的，帶著這樣的精神跟態度，作品與建案不可能不會被看到，反而是會被消費者發揚光大，被同業所正面頌揚並且當作學習的楷模與目標。】

# 『建築規劃邏輯』

｜ #地產知識 ｜ 切豆腐概念

許多消費者在看過建案之後，都會有非專業、自以爲是的聲音出現，不免是對當案規劃平面設計上的品頭論足或批評，講得好似建築有無限的彈性可隨使用者任性的想像就能達成目的。其實不然，無論是多知名的建築師或多有經驗的營造商，還是規模有多大的建設公司，在建案產品上的調配都必須遵照一定的規律與邏輯，沒辦法照一般人所想那樣單純或膚淺。

比如：梁柱結構位、開門方向、面寬高度尺寸、建材使用配置位子、開窗面與窗型種類大小、格局方位、坪數面積、房型等等，這些內容它被創造出來在你眼前所呈現的，大多是經過思考與評估的，甚至用心的建商會以使用者的角度來不斷地重複再檢討跟磨圖。既然是有其理由，自然無法可保全百分百的完善，只能爲了大方向的優點再來盡可能地降低缺點，如此也就難以十全十美，然而買方購屋就該審慎思量，是要把注意力放在大重點上還是要錙銖在不重要的小缺憾。

每一個建案的開發坪效是固定的，簡言之怎麼蓋，總銷售面積不會改變，最後要決定的是該如何把它妥善分配。是要做低建蔽的高層建築、還是高建蔽的低層大樓、是要切單層多拚、還是要少拚或極少拚，這些都取決於賣方也會根據當時市場需求主力或經營理念來做產品調性上的設計。

有的標的只適合做套房或投資型產品。
有的時機只適合做兩房或小坪數產品。
有的景氣只適合做三房或首換型產品。
有的地段只適合做四房或豪宅型產品。
有的品牌只會規劃特殊或稀有型產品。

建築樓層越高，法規要求公設比與造價就會越高。
坪數切得越小，建材需求量就越大成本也會越高。
套房辦公大樓，公共空間就會越多公設比就越高。
單戶面積越大，基礎造價成本與公設比就會越低。

所以超高樓層無論是首購或換屋的建案單價都會走高。
所以越高單價的房市行情建商都會試圖拉低單戶總價。
所以單層公領域占了越多的空間公設比都會被迫提高。
所以豪宅建案可以有多餘預算建構外觀跟公設的等級。

建築本身就是一門數字遊戲，不外乎面積、金額、公設比例上的交替互換罷了，怎麼組合出來成爲一個讓市場備受關注的好案子，端看建築師的功力與建商如何將其元素條件平衡組合出來，這樣的結果也將會影響銷況跟產品在市場上的競爭力程度如何。

當然建設公司大多都是以長期經營爲目標，爲了持續生存，沒有辦法只做景氣好時的生意，因此在不同的時機氛圍下，也都將大幅度影響每個賣方規劃的產品屬性。

房市不好：以小坪數跟超低總價的房型爲主力。
房市普通：降低小坪數的量稍微提升三房戶數。
房市大好：忽略兩房產品大幅提升三四房戶數。

房市不好：單戶坪數能切多小就切多小。
房市普通：試圖提升些許單戶售坪面積。
房市大好：將三房或首購售坪總價提高。

爲何有此邏輯呢？
同房型的售坪越低，建商越吃虧。反之建商則越有利，但在錯誤的時機點堅持規劃難以出售的產品，只是加劇建設公司營運上的壓力，畢竟沒有成交，賣方就沒有營收，如果無法換回收益，把利潤提高是沒有意義的，所以如何貼近市場主流與較好出售的商品是大部分建商的規劃原則。於此，景氣大好時，就同比雞犬升天，不僅售價漂亮，在成交量與利潤比都可拉高。

消費者也是如此：

景氣好時，沒人要買想買小坪數的房型。景氣不好時，沒人要買想買大坪數的房型。市場供需永遠都是先有需求才有供給，所以時機環境對買賣雙方的影響都相當巨大，也是決定大部分建商跟建案產品的先決基礎條件。

18-23坪的兩房很好賣，因為總價超便宜。
27-30坪的兩房很難銷，因為物不超所值。
30-33坪的三房更好賣，因為經濟又實惠。
35-40坪的三房很熱門，因為夠住也不貴。
42-47坪的三房較普通，因為門檻高了點。
45-48坪的四房很好用，因為首換很輕鬆。
55-65坪的四房較小眾，因為二換很尷尬。

這些理由哪個對銷售最有利，很多賣方都清楚知曉，但建設公司是否願意這麼做就不一定了，以市場派為主流、走高周轉率的建商所規劃的產品大多會以此做設計原則。以理想派或有其堅持風格文化的建商所規劃的產品大多會反向上述好賣的原則來推案，因為他們會比較希望房子不用賣得快，但價錢利潤要夠好看。

以住宅條件而言，當面積切得越小當層切越多戶時，居住感或格局優勢也就會越薄弱，倘若賣方規劃建案唯一的理由只是為了要壓低總價時就會去犧牲很多產品條件。所以單戶總價越低的戶型，採光面就會越差，通風或開窗量就會越少，隔戶之間的使用隱私感就會越不好。

如果要滿足如消費者所期待的，市場上有沒有那種總價門檻低坪數小但採光通風多面、當層少拚、棟距大、相連壁不多跟低公設比的產品呢？當你是規劃者、或建築師、或建商時，你就會知道這幾乎是不可能會實現的天方夜譚。

一個建案可售的總面積不變，可以有單層坪數少但總樓層高或單層坪數多但總樓層低的組合來二擇一。再來就是已固定的當層面積要切多戶的小兩房、小三房來搭配，或當層僅雙四拼中大型坪數的三、四房來二擇一。大方向約是如此，就跟切盤大豆腐一樣，戶數越少，自然格局的設計條件跟居住優點就會越多、越好、越完善。

土地成本也會影響建商的規劃原則，假若土地已吃掉過高的成本比例，賣方也就沒有太多餘下的預算空間來做高品質的建築設計，除非市場可以接受更高的房價行情。但在房市景氣的熱頭上，建商大多要被迫吸收相當高價的土地，可卻受限於成本與售價之間的牽制只能規劃低成本的首購大樓，若非是有養一定時間土地的建案外，否則後市新地所出現的新建案幾乎都會是那種高單價又相當普通無奇的產品。

【一棟完美的建築體，就得去無視市場的需求，如此就能創造幾乎沒有缺點的建案，但這對買方而言，就得去吸收那高額的房價，對賣方而論，也得去吸收那不知何年何月才能完銷的巨大壓力。所以如此對雙方都沒有太實際的好處，規劃上必定會先從賣方要優先取得的利益順位下來做設計原則，於此我們都必須去接受這樣的事實與現實。至少多多了解這樣的建築邏輯，可以去判斷市況環境如何以及自己應該要選擇甚麼樣的建案或房型？市場需求量越大宗的商品，買賣方的失敗率則越低。】

# 『新加坡式建築』

｜ #地產知識 ｜ 美其名

近十年，有些建案開始多了一項新名稱，叫做新加坡式建築，爲何有此一說？因爲新加坡富含許多國際菁英所設計的建築物，獨特的創意讓相關產業成爲了一個考察與學習研究的指標，因新加坡的地理環境與台灣差異甚遠，有許多不平整的地勢高低差，讓建築大樓的每個面向都必須規劃成不同的動線與面貌，所以就把停車位設計在地面上而非傳統的都在地下室，有的甚至會將低樓層全部都規劃成車位，讓住戶回家停車時是先往上走而非往下繞，同時也運用大量的高垂直綠覆率植披或經過巧思設計的建築線來讓其看不出來是停車場的樣子。

因此被台灣利用，作爲一個東施效顰的銷售美名。只要是一樓停車的建築規劃，都會稱做它是「新加坡式建築」，但在意義上跟眞正的新加坡的建築設計與思維可是天壤之別。

爲何不做地下室？因爲開挖與基礎成本高，也因容積不夠用，只好犧牲公設空間與店面來滿足住家與車位的需求比例。所以有這稱呼的建案，普遍都會有著相同的特性：一個是基地很小，另一個就是在非都市計畫內的甲建或乙建用地，再來就是有限高的區域。而沒有這些限制的土地，基本上建商就不會使用這種方式來規劃。所以在蛋黃區與熱門重劃區的地點，是看不到這個稱呼的。

簡單講，在國內的新加坡式建築就是「電梯華廈」或「電梯公寓」，但因爲這兩個名稱實在讓人感覺很廉價與老舊，一點期待值都沒有，甚至還會覺得這個建築物是不是很落後、很中古。因此無論在建商或代銷眼裡，不可能會將這種一樓停車、僅數層樓高的建案掛上這兩個標語，於是我們就來想一個漂亮的代名詞來取代它們吧。

台灣的建築領域總是在國際之間的比較上無法突圍，主要原因在於，經商者無不依商業量產化來作主要的目標，如果買了一塊土地，蓋了消費者根本不會買單也無法接受其大衆文化或使用習慣，那就是跟自己的荷包過不去。因此在這個框架下，能做大一點的彈性也僅在於外觀或公設上面了。想要特立獨行的超現實風格、每戶不同的格局、強迫使用者改變習慣的設計，這些東西在國內的挑戰性實在太大，如果要加諸許多的造價成本來交換這樣的代表作，那必須有個前提是這些房子跟建案都要賣得掉，不然回到自己身上的可能就是財務危機。

在市場派的角度上，不管請了甚麼國際建築大師、名師、空間設計師，最後要讓自己原創的方案通過，還是得要業主同意。如果建商覺得市場無法接受，那這些創意始終還是會被埋沒掉，畢竟出錢的是老闆，畢竟投資者都是建設公司，也都是爲了要賺錢。講白了，賣方所聘用或使用的所有一切，都只是爲了可以做一些與衆不同的廣告來突顯其自家建案的競爭力罷了。說穿了，就是花點錢來掛個名而已。

新加坡式建築的案子也沒甚麼不好，因爲那是受限於土地的條件所影響，不管是哪家建商來經手，十之八九的結論都是差不多的。因爲在邏輯上，就是賣方有無法擴張與不想放大槓桿的理由才會去選購這些土地。比如可能資金有限、比如就是要在某個區域內插旗推案、比如就是不想做土建融資、比如就是要循序漸進的慢慢成長，所以在購地預算有限又不得不買地的情況下，只好來做這些低總銷的大樓。

新加坡式建築的特色爲下：

1.社區規模都不大。
2.住戶量都非常少。
3.幾乎無公共設施。
4.公設比普遍不高。
5.沒有開挖地下室。
6.一樓規劃停車位。
7.建築總樓高有限。
8.地點好的動線差。
9.地點差的就很偏。
10.單總價比行情低。

羊毛出在羊身上，因爲土地本身沒有太多

被整併或開發的潛力，所以成本對賣方而言都會比一般正常建地來的少一些。加上營造單價本就是隨建築體規模越小樓高越低就會越便宜，因此這些建案的售價對消費者而言就會相當甜蜜，因此很適合首購族群。所以只要你看到是類似這樣的規劃設計，它們很少會出現換屋型的坪數或房型，基本上全部都是往購屋門檻較低的方向來走。

一樓停車對買方而言又有何好處？
停車位快速又方便。
不用一直旋轉繞圈。
等待電梯的時間短。
半開放式廢氣量少。
清潔費單價會較低。
不會有地下室異味。

每種產品規劃都有它的優缺點，至今爲止也沒有因爲建築物是何種型態而導致滯銷或完全賣不掉，因爲市場總是有需求才會有供給，只要是可以被設計出來的商品，只要不跳脫買方可接受的邏輯因果，不管給它冠上甚麼稱號，都是會有賣光完銷的那一天。

【五樓高的公寓、八樓高的華廈、十樓高的電梯大樓，如果你買的建案它沒有地下室，那它就是新加坡式建築。其實這對於小資族、首購族、或對地段有所堅持的人來也都是不錯的購屋選擇，畢竟在舊市區裡買的是地段跟生活機能，大樓是甚麼型態其實也不會是你主要的消費動機。若在蛋白區，就更沒差了，因爲你買的是單總價，通常這樣的建案，它的價格是非常有吸引力的。所以也別太執著於建商爲何沒有蓋一個標準與完整性的集合式住宅，比起那價錢高不可攀的蛋黃區，先求有再求好才是硬道理。】

# 『如果地價能夠被控制』

| #地產知識 | 財富大洗牌

在台灣的土地有多暴利，雖然大部分的時候無法做短期的財富收益，但卻在時間的累積上面卻可以擁有無限的潛力，尤其在不知道未來會被分到重劃區內的那些土地，更是驚人，甚至數千倍以上的成長空間也不是沒有過。

問題來了，既然土地是蓋房子所必備的原物料，那地價會否影響房價？也許很多消費者不懂，但也不想懂，又或是難以理解，可能也都將漲價全歸咎於建商或投資客們的炒作。其實應該這樣講，無論建設公司拉抬了多少比例的售價又或是投資買方們要賺多少價差，比起地主而言，那根本就是蠅頭小利，簡言之，房價成形的結論之中，如台北市房價大約有占比80%的比例在土地裡面，未開發的偏鄉城鎮大約占比30%，已開發的成熟城市大約占比60%。可卻鮮少人能夠知曉到底地主獲利空間是多少。

沒有地，就沒有房，這是很重要的觀念與邏輯。建設公司或營造廠不過就是個加工商罷了，只不過因爲其產業投資金額夠大，只要財力允許，建商也能成爲地主，若在持有之土地放養若干年後在開發興建，那不僅是賺了加工費外，連帶土地獲利也全囊括其中。因爲跟著行情走的不只有房價，連地價也是，所以水漲船高的大部分因素，都是土地。

營造原物料的成本上會受通貨膨脹影響，可土地卻不會。基礎造價無論再怎麼上升，跟地價比起來也是九牛一毛。難道官方不會知道這件事嗎？還是不想管理又或無法限制呢？當房市景氣熱頭與在媒體渲染後的高行情之下，政府難免受到民怨壓力而祭出許多干涉性的打房政策，可卻不打土地，打擊房產投資獲利者，卻從不打擊地主的巨額獲利，即便是現行的房地合一稅對投資土地或持有者來說，幾乎是不痛不癢。

如果地價十年前後都是一樣價格，房價還會那麼高嗎？
如果土地價錢是公定且不能漲價，房價還

會那麼高嗎？

在偏鄉蛋白區，20萬一坪的房價之中有6~8萬是用在土地上。
在核心蛋黃區，30萬一坪的房價之中有15萬以上是用做購地。
以此類推，如果十年前的地價與今天相差無異，那麼房價也不會有太大的落差。如果十年前20萬一坪的房子所對應之地價與今相同，那麼房價或同區域中新購土地之建案售價也不會離20萬太遠，蛋黃區亦同。

換言之，是否地價不漲，房價會幾乎凍漲或微緩漲？地價不變，自住客或首購族買房是否也不至於會到難以承擔或接受的程度？土地成長零空間，建商是否也不會因養地久遠而坐地起價？答案是肯定的，如果免去了土地增值的這一層，整體市場也許會更平衡，也能大幅度提升實現居住正義的理想。

同時爲了開發飽和效益的公平性，也應該限制土地持有的年限，避免釘子戶與空地比太高的問題。但資本主義的自由民主化無法干涉或強迫民衆如何使用資產，所以才會有市場機制的出現，因爲那是自然發展的結果而非人爲操控，但其實能夠眞正控制的單位，也只有我們大家長才有這種權力，所以台灣若眞要走到可以節制地價的那一天，其實距離還非常遠。

不動產市場的需求與增值邏輯：
購屋消費者增加>建案去化速度快>建商信心增加>土地需求量變高>地主漲價。因應房子的供不應求，進而連帶土地也是如此，產生更高的房地成交行情。

土地在台灣之所以有極高且非常不容易跌的價值與特性，是因爲它並非像房子是這麼大衆化的消費品，購地的金額與門檻也相當高，不是一般人說想投資或要買就買的置產標的。在自住使用上的剛性需求也非常大，所以只要放著，基本上高於原價賣掉只是時間問題而已，但絕對賣得掉、賺得到。既然買土地需要一定的財力，那就無法投機，自然就會過濾掉心存僥倖的人，所以置產土地的人們，通常不會有短期財務上的壓力。

地主相當早期持有，成本非常低。
土地相繼繼承而來，幾乎沒成本。
建商布局買來放著，成本不會高。
超長期投資置產的，實力都很強。

依照不動產特質而言，土地也是成就社會富者恆富的最佳寫照，因有錢再繼續置地，透過時間再累積更大更多的財富，且無視景氣波動，讓有錢人越來越有錢，但回到金流源頭來看，其實地主所賺取的所有價差，全部都是來自於購屋的買方與消費者。

一塊尚未重劃的農地，可能最早不過每坪幾千元。經過重劃與徵收開發前，每坪瞬間就可漲至數來萬，在配地以前更可能飆漲到數十萬，最後交地劃分完成時，建地就會超過50萬以上的單價，再經過多年發展與推案跟居住密度及機能成熟，又會再漲過70萬以上甚至更高的行情。也許這整段過程已經過了數十年，但回想一下，原本幾千元的東西到後面變7.80萬，所以千金難買早知道，早知道之時也已超過千金成本，而這也是台灣不動產的標準特性，且截至目前爲止，這定律無法被打破也沒人想打破更從未被挑戰過。

承上述，如果地價可以被控制或有標準公定的統一官方價格而完全不受市場機制來影響售價，那麼你覺得房價還會那麼高，那麼貴嗎？

【此篇著重在於房市行情的根源有二，其一來自於供不應求的購屋市場，其二則是來於地價。如果土地依然被忽視，或繼續任由機制持續下去，創造天價的土地只會隨著時間越來越多，且價錢也會越來越高，如此循環之下，要能符合一般人所期待或可承擔購買的房價只會越來越遠。如同眼下的自住客哀聲抱怨所道，房子越來越難買，負擔壓力也越來越重，當然，如果不拚一點買下去的話，購屋這件事在未

來只是越來越困難。】

## 『如何有效解決公設比』

| #地產知識 | 數字與規定

自都市計畫法全台容積率管制實施自今已20餘年，這是用來判斷土地生命力與價值的基本要件，也就是根據容積率來計算開發一塊土地可以賣出多少售坪，依此來衡量建設公司要推案的投報效益。

公設比是台灣從最早時期就存在的詬病，但目前也無實際的辦法來解決，雖然消費者普遍都很反對爲何買房需要買掉那麼多的虛坪，可在實際面其實這所謂的公設坪數是有成本存在的。在營造費用所計算的單價之中也是有涵蓋這項面積，而非如買方所想這空間都是賣方多賺的，若要滿足建築物零公設比的理想，還是得要靠政府如何去更進一步的修法與調整。

現行一般14層樓的住家大樓產品公設比約32%起跳至38%，商業類產品公設比38%到50%不等都有可能，經過時間與建築法規的年年更動，現在也不可能再出現如早期有那麼低公比的建案，原因無非就是必須要滿足各類型規定的最低限制就得如此，否則就無法取得建照。

既然占據掉了1/3的售坪，官方應該要去思考這件事，如果想要符合實坪制的計算方式，就得要想辦法補足賣方這個坪數才有可能辦到，如果只是強硬要求市場公設不得計入面積的話，相對房屋單價也會同等增加1/3。若是如此，實坪計算就完全沒有意義，反而更加劇提升整體市場行情的數字，只會更混亂而已。

過去能夠從完全沒有章法的土地使用限制到都市計畫法的徹底實施，就代表政府是有足夠的能力來改變不動產的遊戲規則。要怎麼補回少去的虛坪，從容積率下手是最妥當的，只要從土地投報效應的基礎容積率提升1/3以上，就可以在不改變與不影響土地及房屋的單價數字上進而採用全面性的實坪制，讓所有的消費者與買方都能從此忽略掉公設比的比較與疑慮，更能限制住賣方在公設比例轉移上玩的數字遊戲。

公設比要低，單價就要調高，總售金額不變。

公設比調高，單價就可下修，總售金額不變。

若建案總售1000坪，現制公設比最少有320坪在公設面積上，如果要實坪制，就只能登記680坪，那麼在價格上就要補回這少去的坪數總價，單價就會大幅提升。所以為何到現在還都無法解決公設比的問題，因為總金額是不變的，也不可能如消費者所想的可以藉此降低房屋總價。但假使某一天土管政策可讓建商從開發坪效上滿足到原本1000坪總面積及總售價的話，實坪制就能實現。

不動產就是數字之間交替運作罷了，從坪數、價錢、比例跟時間在轉換，買方不了解的總是以為從此少了些甚麼購屋預算或門檻就會降低，這是錯誤且不切實際的想法。對於建商來說，成本是無法被省去的，既然數字打底就在那邊，怎麼可能「賠本」來賣給你呢？
無論再怎麼抗議公設比的不公與無理，那也不是誰能夠去控制的，因為規定就是規定，而這份規定也是政府所定義的，且這個規矩也是由從前所流傳至今，除非設法進化這個規範，否則實坪制是不可能會成為現實的。

實務舉例：
一塊現行容積率240%坪效約4倍的住宅區，在實坪制上路的同時改制土地計畫法的基本容積率，將240%提升到320%，將4倍坪效提升到5.4倍，以此類推。雖然坪效提升，但也因可售面積的降低而前後平衡，自此後市場自然就會有新的坪效計算方式，但對整體而言，此法才可能創造零公比的不動產世界。

消費者吵著雨遮不得計坪，於此就有了新的規定。
消費者又吵雨遮不得計價，於此也有了新的規定。
雖然只要在買賣契約書上更動一些內容就可以在不影響建商投報效益下避免違規，也因為這些計較在實際上並無傷大雅，所以對買方在購屋上其實前後也沒多大的差異與感覺。

可爲何實坪制喊了那麼多年都無法執行呢？因爲30%所占據的比例是非常巨大的，這也沒辦法只是在合約書上寫個不計坪不計價就能夠解決，所以如果沒辦法從源頭去改變掉不動產開發的遊戲規則，就很難去根絕這延宕了40多年歷史的灶頭。

公設比的確存在了很多矛盾的地方，多年來也成爲了消費者在貨比三家時其中一個比較的數據，說穿了不過就是希望自己花的錢可以買到比較多的肉，而賣方針對於此的話術也總在於公共領域是大家都有使用到的地方自然必須要花錢購買來說服，每一個建商每一個建案也都避免不了這樣的事實。畢竟台灣跟其他國家的文化不同，建築法規與理念或市場發展趨勢也都不一樣，所以想要仿效別人的制度，也不是一件輕鬆簡單的事。

對於高房價時代，以此發展的零公設比也將有望改變這樣的尷尬局面，坪效增加之後會有此變化：每一間房屋總價因實坪而降低30%，但建商的總銷售金額不變，若不拉高樓層的狀態下單層戶數就會增加，若拉高樓層會因成本增加而提升單價，但卻可以提升市容與居住質感，因爲有限的建蔽率無法滿足增加了3成餘多的容積率，多半都會選擇超高樓層來增加賣點與優勢，於此整體不動產消費環境將會大洗牌再重新組合成新的模式，且更有利於多方贏面。

實坪制上路後與容積率提升的結論：

1.對消費者來說平均單戶的總價降低30%以上。

2.建商有更多的單價空間控制成本與建築模式。

3.提升市容與建築環境更利於優化未來都市感。

4.徹底消除市場對公設比的不公異議與不合理。

5.打破舊有制度重新創造一個新的不動產規則。

【改變常態的循環與慣性，必定會有陣痛階段，但想要不改變就得到一個幾乎難以辦到的目標，就是不可能的事。期待有朝一日我們都能夠完全忽略掉公設比例的問題，再也不需要執著到底公設面積吃掉了多少空間，進而實現一個多少錢買多少坪數的完美理想。買方更能藉此大幅度稀釋掉購屋總價及滿足購屋預算，令市場重塑成一個再也不需要被詬病的漂亮局面。】

# 『原物料的影響』

| #地產知識 | 環環相扣

凡是所有我們會使用到的一切商品，都有其成本存在，這個道理也許是正常不過的邏輯，但對於購屋的消費者們來說，不見得都能夠認同，因爲話在賣方嘴上，怎麼說都是你在講。也由於買方並非在產業內生存，除了對其專業與實際上在發生的事不了解外，他們對房價與建商到底怎麼去計算投報跟成本支出也是一知半解不得其門而入。

台灣主要的兩大房地消費市場，一是代表新建案的預售屋與成屋，尤以前者爲大衆及主流產品。另外一個就是中古屋，這兩者之間的牽動關係緊密，彼此也互相成爲是行情的參考值。換句話說新案漲，中古屋不可能不跟著漲，中古屋漲，新案也不可能會比它還低價，反之亦然。

也許很多人會說：新房子有既定當下的成本問題，但舊房子並沒有，爲何中古屋有資格漲價？這個答案很簡單，市場都是由供給與需求來成立行情，當新房價格上到買方會猶豫的程度或嚴重供給不足之時，消費者就會轉往中古屋來買，於此產生仲介市場上的熱絡及供不應求到難以開發的階段此時僅有的選擇標的就會漲價。且當A屋主知道了B屋主的成交價時也會跟進，以此類推就迅速推擠了整體房價行情。

撇除因供需或投資所產生的熱潮外，原物料對房市的影響邏輯爲下：
土地成本上漲，造成新建案售價上升，進而影響中古屋的房價。
營建成本上漲，新建案基礎售價提高，進而拉抬中古屋的行情。

那麼關鍵問題來了，如果土地營造成本同時雙漲呢？如果是巨幅調漲呢？這時候新建案與中古屋的行情，又會如何發展？

原物料與產品售價之間的關係必須是成正比的，當前者數字往上走，若後者數字不變，那也許是賣方勉強縮減利潤以求薄利多銷，但若後者是往下走，那就代表是偷工減料。這個觀念在不動產的世界中更是絕對性的法則，便宜或低於行情的東西必定有問題，所以消費者能否可以理解這樣的循環，也許可以對購屋的過程上帶來幫助，因爲你將明白房市行情的由來因果。

當地價從每坪20萬到50萬，房價會相同嗎？
當造價從每坪10萬到12萬，房價會一樣嗎？
當新案從每坪20萬到30萬，中古價會降嗎？

雖然預售屋可以大幅度降低購屋者的負擔壓力，但那是得在預算範圍內與買得到的時候才有的選擇資格。對許多消費者來說，現在的新房子漲得又兇又快之外，每個指標區域中的新建案不是瞬間完銷就是排隊搶購，買方連考慮跟嫌貴的時間都沒有。所以在近兩年的房市變遷之中，造成仲介方有著迅速膨脹的業績，同時也讓實價登錄的成交價錢不斷創下新高，更甚者還會超過新案售價。

一般自住客的心態很簡單，新案大家搶就跟著搶、新案價錢高買得到就買、怎麼樣都買不到的時候，那就找同區域的新古或中古屋。而屋主的心態也同樣簡單，新案這麼貴，那就跟著漲價賣，一堆仲介搶著開發，就設高價給他們賣，賣不掉就算了反正行情就是這樣。隔壁的屋主看到成交價格如此，自然也不會妥協，畢竟越透明的市場，就越難有便宜可撿。

然而，近期政府積極祭出打房政策以表決心，未來的後市發展也將會因原物料以及打房影響，造成新建案及中古屋會有非常明顯的供給量急縮的發展趨勢，對消費者而言以後買房難度只會更高。需求量不減只增，供給量不增反減，除了帶來房價通膨之外更會帶來沒有房子可買的市況，所以在此之前持有買進房產的人，將會是絕對的勝利者。而沒有房產的需求者，會以非常快的懊悔速度在問自己爲何曾經有機會購屋時卻沒有立即下決定。

通膨，沒有想要停下的腳步。疫情越加嚴

重，更大規模的量化寬鬆就會勢在必行，現在對經濟敏感的人已經可以嗅到股房雙市必定將被一堆熱錢推擠到更高點的味道。原物料會飆漲到比現在更高的水位也已知是會發生的事，今天的房價你也許認爲不會再高，但很快地下個月的房價所發生的事實將會推翻你過去的認知。

台灣，即將沒有一坪20萬以下的房價。這很快就會實現。
台灣，20萬以下的房價即將消失絕版。這馬上就會到來。

自由市場機制之下，其實現在的建商也沒有那麼好做。畢竟任何一個賣方都沒有干涉原料上游價錢的權力跟能力，報價就是越來越高，你找別家也許會更高，最終找來找去，也被迫去吸收那缺工缺料後的代價，否則你的工地就無法開工也找不到工來爲你服務。當這種現象越來越嚴重的時候，上游坐地起價也是很正常的結論，倘若這種無法預先編列預算內的成本在興建過程中越來越貴時，反而在預售期提前先賣掉的房子利潤都是吃虧的。因此導致最佳做法就是預先調漲價格來因應接下來會遇到的狀況，這也是爲何現在看到的建案一個比一個還貴且這上調的週期也越來越短。

當整體房價上升但賣方利潤卻沒因此增加時是件很恐怖的事。因爲你不能說賣方暴利、也不能說賣方貪心、更不能說賣方炒作。也許有因養地而產生多餘獲利的建商，但充其量也不過是賺取土地增值的財富罷了，在建設基本的投報公式裡，也僅是將這些空間反應到成本去而已。所以原物料的上漲所帶來的不動產影響是非常全面的，它會關係到任何一個自住、首購、投資客在這廣大金流世界裡的「幣值」。

【了解房地產知識、理解研究相關經濟上的概念，都是爲了讓自己在買房時可以順利、可以買在一個需求最佳時間點上同時自己又很滿意又喜歡的目標。當這世上業內所運行的一切都這麼直白且務實的告訴你時，你可以選擇繼續充耳不聞，也可以選擇這一切全都是賣方立場上的話術或合理化高房價時代。但回到現實來思考，難道拒絕買房就可以扭轉這樣的事實嗎？難道拒絕購屋就可以令土地或營造費用有所下調嗎？難道拒絕不動產就可以改變疫情或量化寬鬆所造成的熱錢世界嗎？答案：你知道的。】

# 『不景氣下的產品』

## #地產知識 ｜ 市場走向決定商品定位

在過去建築法規還沒有這麼嚴格的時候，建商總是可以從中找到各種突圍市場窘境的方案來創造商機，這一點上面，也直接證實了在不動產的世界裡，必定是先有需求，才有供給。有人想要買甚麼產品，建商就會蓋甚麼產品出來。

景氣的好壞，也將決定著市場上的建案大宗趨勢會落在甚麼樣的規劃定位：
時機好時，小坪數產品式微，功能型三房售坪增加。
時機差時，小坪數產品盛行，功能型三房售坪大減。
同樣是三房，卻跟著售坪多寡有不同的需求認知定義，爲何會受限於時機環境呢？因爲大中小三房對消費者而言最大的差別在於總價，所以景氣熱絡的時候，買方普遍都能夠把預算加上來，同時他們也比較希望可以買比較大空間的格局。反之在冷淡的環境之下，買方也會因信心不足而不願意花太多錢在購屋上，且此時的首購普遍都希望總價可以越低越好空間不大也沒關係，夠用就行了。

那這就存在一個問題了，經濟環境在時間歷程中，總是來來又去去，沒有絕對常保都在高峰上的行情，也沒有永遠都在谷底的冷清。那麼你在不景氣下買了因應不景氣時所被創造出來的產品，爾後市場熱絡的時候會不會不好賣又或增值空間有限？相對地在景氣好時買了比較高總價的首購房型會不會時機不好了就難以脫手呢？

以最近十年爲例：98年金融風暴後的快速復甦期，在100~103年是房市熱絡階段，在此時的建案普遍都往中大三房格局規劃，售坪大約落在42~55居間，市場裡鮮少有兩房或小三房的產品。
在103年奢侈稅、房地合一稅等等打房政策上路後，房市急速冷凍交易量大幅急縮，建商爲求滿足首購與刺激基礎的銷量，在此之後的推案不僅兩房量暴增且同時也是較爲熱銷的商品，直到106年回溫逐漸穩定之後，兩房銷售量才開始快速遞減轉往約30出頭來坪的小三房最好賣。
再經過108年至今再次爆發的熱潮，現況首購與買方接受度較高的產品定位則又回來到了40出頭坪的三房，加上現在如果是蛋黃區與指標地段建案或品牌建商的標的，消費者也頗能接受到50坪以上的大三房了。

以此可見，景氣好壞，買方對不動產房型類別的定位需求是有很大的差異跟不同點。

在上述的這段過程之中，扣除掉近一年比較的誇張且嚴重的供需失衡外所產生買方搶購的現象之外，其中小坪數的兩房產品的確在景氣回正的週期內不僅供過於求的較難轉手外，增值幅度也相當有限，除非置產動機是以超長期收租爲目標，不然連基本價差空間也大不如正常的三房。相對在103年前期所購置較大坪數的格局，在之後熱度反轉急下的時期也是要放個幾年後才比較有買氣。於此若以投資做考量來買房的話，最好選擇一個較爲平衡且在大衆需求度是最高的產品，如此在放置的短中長期無論哪一個目標風險都會比較低，且若是沒有太多資金上的壓力，放的越久，資產成長潛力就越大。

簡論：

50坪以上的三房，景氣越熱賣方越好賣，反之成交量則越低。

40坪以上的三房，是較平衡大衆的選擇，需求量最大的產品。

40坪以下的三房，景氣越差建商越好推，景氣好時買方嫌小。

30坪左右的兩房，景氣越冷賣方越難賣，高總價低機能房型。

20坪出頭的兩房，時機越差買方越愛買，低門檻的首購商品。

現在與過去的建築法規跟公設比也都不同了，高單價的時代來臨，只能說明與以前的住宅相比，越往後面的時間推移，人們居住的空間感就越小。在先求有再求好的需求邏輯之下，整個市場也都不得不遵照這樣的趨勢來發展，賣方爲求業績銷量與營收，從設計方案上來配套壓縮消費者比較能接受的產品跟付款方式。買方爲求一屋所居，只要預算上能接受的各種條件範圍內，先以可以住再說，其他的以後房子增值再換屋換大就好。

如果你有看過不少中古屋或10年以上屋齡老房子的經驗，就會發現上一個世代有很多形形色色的過期又特殊的產品。比如說當時一間透天不好賣就把它切割成兩戶的重疊別墅，比如說爲了強調使用空間兩倍化的挑高魔術夾層屋、比如說現在已經絕版的樓中樓房型、比如說時機很不好時所創造的三房一衛或一套半衛、比如說權狀不到10坪使用面積達八成以上的套房、比如說售坪在18坪左右的1+1房。這些東西都是時代下的眼淚，也見證了台灣不動產世界的商品多元化，只要能夠被買方接受，只要是在市場上能夠被成交的東西，建設公司都可以想盡辦法製造出來。奇怪的是，不管這種種一切怪奇又不好用的房子，卻還是能夠增值，再怎麼難易手，最終還是可以被賣出去或有人會買單，時間問題罷了。

【消費者通常都是盲目的，因爲不是那麼專業或缺乏經驗、又或並不是那麼瞭解市場或整個房地產生態，所以大部分的買方們根本無法自主判斷到底哪個好哪個不好，他們只會在當下看屋的時候感覺這個房子還不錯然後就很有可能做下決定。但其實在整個循環過程中，這種不景氣下的產品都是賣方要因應當下的環境來做出一個可以繼續生存的選擇，你不做，別人也會做，相對於買方，你可能覺得這東西沒人會買，但事實上在每個時機環境與時代之中，在人們的需求眼前，只要預算可以，只要能圓一個房產的夢，絕大多數的人還是會選擇先擁有再說。所以你認爲別人不會買的規劃或建案，其實，還眞的有人會去買，而且還可能爲數不少，這就是台灣不動產的特色，「沒有賣不掉的房子，只有賣不掉的價格。」】

參

# 房產心情

『不動產沒有正義』

『服務費』

『不用執著品牌』

『複利的概念』

『大隱於朝』

『嘴有所圖』

『仲介好賺嗎』

# 『不動產沒有正義』

｜#房產心情｜動機

居住正義，一個近十年來才被掛在嘴上的議題，無論在媒體上、新聞上、論壇上、名嘴上，都隨著資訊發達進步的時代，好似打著這樣的旗幟，就能獲得海量自用需求客層的支持，每一個時局時機行情的背景都有著對房價不滿的人們，只不過以前相關資訊不透明，所以沒有太多的數據可以讓一般消費者考究。但現今，卻有著不少對此深信不疑的買方認爲不動產世界多半都是在坑殺自住客。

換位思考，當你將自己不願接受的價錢與不斷上漲的行情以不客觀的角度把責任埋怨在建商、賣方、投資客，那麼如果你手上掌握著喊價權，如果你也有資格能獲取這樣的利益，請問是否還會如此淸高呢？換言之，當你要把自己的房子賣掉的時候，會有佛心以低於市場行情的價格出售掉嗎？會以行動來實現這所謂的正義嗎？如果你可以有錢不賺，如果你可以把該賺的錢讓利出去，那麼你才有資格稱作爲正義使者。但在這市場的染缸之中很難會有這種傻子。

所以普遍認知邏輯是，因爲自己沒有房子、因爲自己沒有這樣的條件，所以這樣的人才會不斷期待房價下跌，或哪一天這種正義實現可以令自己買得起房。但想想，如果買方是單純地要行情下行甚至是崩盤，不也是爲了利益嗎？不管房地產的價錢上或下，總是會有得利的一方，如此來說當你買到了下降的房價，那麼自己的行爲，是否能符合正義呢？人們的言行都存在著某種絕對的動機，所以也不用太去計較市場機制爲何會如此，一切都只是選擇的問題。

不動產就是一個商業循環，買房子也好、賣房子也罷、自己住也好、投資用也罷、出租也好、置產也罷，這些都是一連串的經濟行爲，既然這樣的交易買賣是有人獲利或有人虧損，那又何來的正義可言呢？根本不用相信居住會有正義，也不需要相信房地產或景氣的輪迴會有正義，它本來就不存在也從來沒存在過，只有每個人都想要爭取到的利益空間與可以占到多少便宜的自私程度而已。那些帶著灑狗血的風向議題，又曾幾何時眞正發生在市場之中呢？那些好像可以預知未來的老師或專家，他們堅持的論點又曾幾何時能夠屹立不搖呢？與其相信那些虛無飄渺，不如接受已發生在眼前的事實。

房市不好時，正義使者爲何沒出現？因爲大衆沒信心，買方沒興趣，市場很冷淡，沒人買房子看房子的環境，誰又會在乎居住正義呢？要不要決定購屋或進場時機，本來就都是自我的選擇罷了。所以每當這種負面與空方的言論越受到關注的時候，基本上都是處在景氣熱絡期的背景，因爲房價上漲速度太快、因爲房子被賣得太快、消費者沒有足夠的時間考慮與被壓縮的供不應求，大家只能搶、只能比誰快、只能比誰願意加價，於此產生了心裡的疑惑、不滿、憤恨、不平、跟埋怨，尤其在當時剛出來看房子的需求者感覺會更強烈。但如果沒有人願意投入在市場之中，其實根本就不會有人討論。

有因必有果，爲何帶頭者可以這麼輕易的帶動人群思維，因爲能眞正透析不動產專業內涵的人總是少數，不在業內執行與沒拿籌碼出來輸贏的路人甲乙丙，又怎麼能夠體會房市好壞的理由呢？時機好時偏多方的論點就會被砲轟成賣方的走狗，自然持反向的主張就可容易被人們所接受，但最終還是得要回歸現實面：「當你買得可以比別人更便宜你會不買嗎？當你賣得可以比別人更貴你會不賣嗎？當你可以輕鬆賺到價差你會不賺嗎？當買房賺得比賣方還多時你會不搶市嗎？」沒上到車的人也永遠都會嫌這台車又貴又爛開得又慢。

正義沒辦法牽動任何行情。
正義無法讓他人不買房子。
正義無法干涉投資客賺錢。
正義無法降低建商的成本。
正義無法決定未來的景氣。
正義無法代表現在的市況。
正義無法打消購屋的需求。
正義無法影響市場成交量。
正義更沒辦法讓房價下修。

【如果你認爲買房有罪，那甚麼理由全都可以拿來當成責怪的藉口。因爲對於那些所謂的炒房與哄抬，不是只建立在賣方或投資客上，任何一個需求與自住客的購屋，都算是幫兇之一。因爲有買盤，才會有行情，因爲有成交，才會有價錢，所以每個有買房行爲的人，都該是正義的敵人。那麼你能力敵整個不動產環境趨勢或市場嗎？別傻了，居住正義只不過是一個你不想面對現實的假議題罷了，相信它，別人並不會因此吃虧，反而是自己會不斷錯失擁有房子與建立人生資產的機會跟浪費時間，損失的永遠都是你而已。】

# 『服務費』

｜ #房產心情 ｜ 服務也是種價值

不動產業，主要的營利與收入目標來源都是服務費。
買賣土地的，賺的是服務費。
仲介房屋的，賺的是服務費。
代銷建案的，賺的是服務費。

爲何這收入被稱做服務，就代表它是經由對於買賣雙方之間的成交搓合所帶來的收益，服務買方同時也服務賣方，完成對於賣方端的委託來達成欲出售標的的任務，完成對於買方的需求來成功爲其滿足消費目的。如果沒有中端角色的專業，買方將大幅度減少通路介紹而來的各種物件選項，賣方也將會提升非常高的出售難度，因爲在整個市場之中，仲介或代銷所帶來的產業意義，是具有對雙方非常便利性的產業價值與多贏效果。

對賣者而言，你的產品需要被包裝與行銷。
對買者而言，你的需求得仰賴通路與引導。

可遺憾的是，當每筆交易即將被完成之前，服務費總是會成爲雙方所介意的關鍵，大家都想省去這個成本，大家都想取得最好是免費的服務，大家都想在成交時開始忽略掉服務者的辛勞。代銷也不意外，有多少建商捨不得這筆銷售成本的支出，有多少建商認爲代銷太好賺，有多少建商會珍惜代銷所帶來整體建案的正面意義。

有沒有出爾反爾的買賣方？有沒有說話不算話的買賣方？有沒有賴皮成性的買賣方？有沒有不老實不誠實的買賣方？只要扯到利益往來，就會有人性存在，所以這些觀念與態度跟認知不妥買賣方當然存在於商業社會之中，因此這個行業有那麼好做好賺嗎？其實不然。

扣除掉景氣背景所帶來的影響，當我們代表著賣方所要承銷的產品時，就得盡全力來做好完善的包裝企劃或美化建案，也要把賣方所欲售目標之抗性跟缺點來施加障眼法，再透過業務與服務來盡所能地把它賣掉賣完。但可惜的是，業主總是會認爲賣太快，就是賣太便宜或自己的商品有多棒有多好有多搶手，賣不好或賣不掉時，就全部都是你的問題了，你不會賣你業務能力不好你行銷能力差，於此就可知在這個產業的辛酸當中，我們就是個吃力不討好也是個從夾縫中求生存求機會求爆發的工作特質。

當我們對於買方在竭盡努力地在介紹與銷售時，不乏會遇到很多動機不純與態度不佳的消費者，但在習以爲常的職業態度下我們還是會帶著耐心跟毅力在服務，就算被認爲是詐騙集團，就算是被認爲是要敲竹槓的，就算被認爲是現實的話術者，這個職業還是得要去完整這個過程。有多少業務飽受買方的煎熬跟荼毒，有多少業務受到買方的汙辱與不尊重，但沒有關係，因爲服務費與獎金，就是那麼難賺。

爲何要堅持服務費的額度與比例？因爲那是辛苦的代價也是認眞後該取得的酬勞，流得每一滴汗都不該被浪費，做得每一件事都不該被當成是義務的白工，付出的所有努力都不該在回饋上被打折。所以要捍衛一定水準的佣金，尤其如果你我的職業能力及被利用價值都有被當成是高級名牌的時候，就更不該被買賣方當成廉價品看待。

同業競爭下的惡性削價爲求一存，如果業主是認同這樣的服務模式，也就代表著他們希望你拿香蕉請一堆猴子來賣他們的房子，如此也無法展現出服務品質與在市場中的獨特性，不配合也罷。因爲被打折的服務過程，就等同是帶著一把沒有子彈的槍上戰場，如此又該怎麼有效地創造預算價值呢？

服務費並不代表是高額收入，在景氣好時，它是行銷成本，自然預算越高能做的事越多，能請的人就越強，畢竟重賞之下必有勇夫。但當它受到限制，那就是要代銷兩手空空去硬拚，既不能廣發媒體更無法提高各人事廠商單位的服務水準，在這環環相扣的因果效應之下，周邊的人們又怎會想爲你拼命呢？在景氣不好時，它是周轉空間，在度過危機的低潮需要時間去支撐，但我們又不能說撤就撤說不做就不做，與賣方共體時艱本來就是代銷的責任跟義務，可若沒有足夠的預算比例，也只能逼得代銷在彈盡糧絕時被迫選擇離你而去，這時爛攤子跟燙手山芋回到自己手上的時候就會知道代銷的好了。

身爲服務業，就該要有著服務不應該被打折的態度在工作上奉行，對於賣方是如此，對於買方更該要如此。當然以買賣方的立場而言，他們也普遍希望著自己的合作或仰賴對象也不要有被囫圇吞棗或敷衍馬虎跟不專業的對待，那既然大家都渴望可以做到最完美的三贏，那服務費又怎麼可以被含扣呢？

對於建商，都會理解羊毛出在羊身上的道理，因此可以試想，便宜的服務費能夠創造出價值嗎？對於消費者，多半難以認同要從自己的房價上得抽出一定的比例來給中間單位所賺取，但可以試想，若沒有銷售方的努力或包裝，你能買到自己喜歡的房子或建案嗎？

然而這樣的工作在台灣不僅存在了數十年的歷史，也算是一個相當興旺的傳統產業，無論買賣方對於服務費的定義認同與否，既然這個行業可以生存並被仰賴著，就代表在事實上它有著極高的被需求率。賣方要賣房賣地，需要通路。建商需要賣房賣案，需要通路。買方需要買房買地買案，更需要通路。雖然廣義而定是服務業，但其實這個職業它最重要的地方就是我們都屬於是這市場上最主要的通路平台與橋樑。

【事後砍服務費是件沒水準的事，論定好的服務費被耍賴更是沒有信用的事，找藉口理由扣款押款跟拖欠更是沒有職業道德的行爲。因此有過經驗的合作方，都會將其貼上黑名單的標籤，久了慢慢也會失去在業內的信任度。消費者也一樣，你反悔了一次二次三次，慢慢地同業也會記得你是誰，下次再喊狼來了就沒人會理你更不會有人會爲你服務。正派與有能者的中間方，應該值得被認同，如果他們比其他人更認眞更努力更有成績上的保證，理當要給予名牌般的酬勞，因爲那是他們應得的，也更是因爲他們可以爲雙方都創造一段完美愉悅的交易過程。甚麼價碼可以請到甚麼人是不變的原則，不好的價碼不可能請到專家，相對地好的價碼自然可以請到高手。】

# 『不用執著品牌』

｜#房產心情｜買屋應該要實在點

買房者，總是希望房子的品質是完美完善的，最好不要有問題，最好不要有瑕疵，最好不需要請驗屋公司，最好能永保完整。於此爲何品牌力會被市場所執著，因爲那些有口碑或無負評的售服與工務成了品質上的最佳保證，讓買方可以放心，同時也因爲資訊傳播的快速與便捷，手上擁有一個好品牌的建案，也是一種榮耀感讓人們所羨慕著。

有那種佛心又平價的A級品牌嗎？
有那種好買好入手的A級品牌嗎？
有那種便宜低門檻的A級品牌嗎？

不會，也不可能。一個好品牌的建立需要耗費大量的成本，也必須要維持建築產品的水準調性，才能撐得住所謂的「品牌」，所以一般人或首購與低預算的消費者，那些品牌建案可謂是望塵莫及，即便景氣不佳的時機點，那些好房子也不會因此成爲是那種唾手可得的標的。

一分錢一分貨是建築界鐵錚錚的事實。你要好的施工品質，它就得要加上一定程度的造價才能將平凡無奇的鋼筋水泥成爲是一種藝術品。你要好的建築等級，它就得要強化在許多買方看不到的地方來完善所有的過程細節。除了建築外觀、除了公設大廳、除了標準建材配備、除了從入口到你家、從最底部到最頂部的所有一切，它都不是一般規模或首購建案之成本可堪比的，它的售服機制與內容、它的修繕速度與精神態度，都是金錢所堆疊起來的。所以這總結的全部，都會反應在房價單價與總價上，建商爲了要過濾能夠負擔這些產品的買方、爲了要確認可以懂它產品的客層、爲了要平衡社區的鄰里素質，通常自備門檻也會比一般建案來得更高，因爲有錢有預算才等同可以擁有品牌的資格，這邏輯在所有的消費世界裡都是不變的道理跟原則。

如果你有很多錢，就買好品牌吧。
如果預算無上限，就買好品牌吧。
如果你現金很足，就買好品牌吧。

A級建商當然不一定會是豪宅，蓋豪宅的建商也不一定是A級品牌。但即便是推行首購面積跟產品的建案，它的單價所堆疊起來後的總價，在市場比較上也是相對高價的。第一次購屋者是否要承擔這樣的壓力來交換品牌迷思，是值得三思而考的，誰知道你會住多久呢？誰知道你是否會一次到位呢？誰知道這是否爲你的最後一屋呢？

跳過品牌建商，你的選擇會多更多。
跳過品質建案，你的預算會省很多。

上述而言，如果你有錢且現金很足跟預算幾無上限，「如果」你有這個如果的話。可沒有呢？那就別執著了吧，別人開雙B開進口車開跑車是別人的事，別人掛名錶穿名衣背名包也是別人的事。將資金用在刀口上，對於一般人而言會更實際也更實用，對於首購族來說會更輕鬆更自在。

A級之下的品牌非常多，不在A級的範圍有B、C級甚至到市場多半詬病的寶佳機構，難道那些建商與建案都沒人買嗎？難道那些產品都賣不掉嗎？事實不然，因爲品牌眞的不是買房子的主要原因，它只是個加分理由跟上等的高端選擇罷了，但卻不是住家與生活或購屋最關鍵的理由，如果一直身陷在這樣的迷思之中，是很難可以下決定的。

地段若不錯，品牌又有何差呢？
規劃若不俗，品牌也沒啥差吧？
採光若不差，品牌也無所謂吧？

雖然建築品質可能有爭議，雖然售服系統可能有負評，雖然修繕態度可能有非議，但最少可以在購屋預算上與品牌建案相比有極大的落差吧？難道那些在總價上所省下來的資金還不夠在交屋時去完善它們嗎？更何況那些關於屋況上的瑕疵整修所要耗費的成本是遠低於那些總價差的。

要知道，除了那些不能變動的公共條件之外，你自己的家裡只要有錢，不管是裝潢敲牆改造還是重頭到尾的健檢，都不是甚麼大問題。這也是身在許多台北市精華區數十年老房子的普遍作法，因爲捨不得那個地點，只好全部敲掉重做。雖然新房子不用這麼極端的改建，但倘若對品質不安，只要花點小錢你所得到的保障會遠比這些次等品牌建商給的還要多還要更令人放心。

可消費者或品牌迷思的漩渦，普遍認爲花錢的就是老大，買得便宜跟低價難道就一定是爛屋或問題屋嗎？難道建商就可以逃避給消費者完美房子的責任嗎？難道賣方賣得低於行情就可以隨便蓋馬虎蓋嗎？難道建商就這麼隨興地對待消費者嗎？

這個問題永遠沒有解答，立場上的對立也永遠沒有答案，只有各方認知跟觀念的問題罷了。如果要等建商的修繕，我看鮮少會有令買方滿意的結論，除非你是買A級品牌。如果要期待建商的好態度，我看也很少會讓消費者有正面的認同感，除非你買的是A級品牌。

當然不見得所有B、C級的建商都會如此糟糕，只是美中不足而已，如果A級普遍都能得到90分的滿意結果，那麼評價往下排序的品牌就是平均分數值會隨之降低，而這數字越低發生瑕疵跟缺失的機率就會越高，當然這些都跟你購屋的價錢通常都會有成正比的相關聯性。

所以買房子尤其首購族群最好放棄掉這樣的迷思跟執著，因爲有可以更好解決問題的方式，但不要因此去破壞掉先求有再求好的重要性，因果關係是環環相扣的，如果不是因爲預算有限，你也不會得到造成讓你不滿的後果，那麼既然要省去預算，就得先要有一定程度風險的心理準備。

要萬無一失，就存好足夠的資金來買A級建商吧。
要先有後好，就無視品牌挑一個喜歡的就買吧。
要完善屋況，就準備些費用來維持一個滿意吧。

在買賣之中總是難兩全其美，房子又是一個這麼龐大的金額，往往造就那些爭端與糾紛的首選都跟不動產交易有關，因爲買賣方的認知共識差異太大，因爲買方的不滿，因爲賣方的不實，不管問題是何者，都不可否認在這充滿人性的世界裡很難評斷其是非對錯。只能說購屋者最好要先清楚確認著自己的需求，做好該做好的功課與研究，保有正確的觀念態度跟中肯客觀的思維立場，如此你會發現，其實買房子不過是一件簡單又單純到不行的事。

【執著品牌或口碑往往會帶給很多人們喪失購屋黃金期的機會，總是會聽到無論在那個城市哪個區域，有人在看房子前都會先告知誰誰誰不看，哪幾家建商品牌堅決不考慮。但其實他們會說這樣的話多半來自於網路或親友同事上的口耳相傳與負面口碑，可他們根本沒住過也相當缺乏對不動產需求上的理解。等到看了若干月或若干年後，首購族都會有非常大的機率在最後的決定上是打破原本自己的看屋設定跟堅持，爲何呢？因爲迫於現實上的無奈，經驗最終會證明自己的預算不夠根本沒得選擇，而當初自己無謂的固執卻白費掉曾經有更好的選擇機會，直到房子又漲價了才悔不當初。】

# 『複利的概念』

｜ #房產心情 ｜ 富者思維

薪水不漲萬物齊漲的時代，尋找本業外的收益已是全民運動，幾乎所有人都想透過投資理財的方式來增長自己的年收入，但錢有那麼好賺嗎？很多投資人並非都有著成功或滿意的結果，不管是金融工具、股市、房市、或副業與其他產業的投入，曾經吃虧賠錢與損失的人滿街都是，那麼究竟問題是出在哪裡呢？

投資有一個很重要的思維，就是健康的心態，越短期越想不勞而獲則風險就越高，投資的定義在於透過長期經營讓資金滾動循環並且令獲利源源不絕地回到自己身上，它不是一次性的收益，而是有如金雞母般不斷下蛋再長成新雞母再下蛋的周而復始，也許短時間看不到甚麼龐大的投報效率，可若經過耐心與等待卻能讓複利的效應倍數成長。

社會現象很有趣，尤其在股市房市之中更能看出人與人之間心態的不同，越是要賺短利的人通常資本實力都有限，而且眼光較爲短淺跟缺乏耐性，因爲他們沒有太多的籌碼來養成投資標的，更沒有太多的資源來長線經營投資價值，這些人們普遍都會受環境帶動影響而去追求大衆在搶買的東西，屬於後知後覺型的，所以危機意識與風險管控也會比較薄弱，自然受到傷害的比例跟機率就會很高。

甚麼是複利？就是本金產生利潤，再將利潤再次投入放大本金，經年累月過後，所持有的本金價值就會不停再放大，而產生的利潤也同比例再增加，只要你沒有抽出本金或賣出產品的打算，它就會一直爲你生錢，甚至眼光獨到的時候這投資標的的本身也跟著持續在成長。

最顯而易見的案例就是台灣的護國神山，想想十年前台積電的股價才50元，如果在這週期間的投資你只是在賺價差的話，那獲利只有一次，回收完就沒了。可若你將每一年所得之股利股息再次投入累積存到現在的話，可以試算以一個儲蓄的概念來看待它這十多年你共所得到的投資價值是多少，或有多恐怖。

房市亦同，甚麼叫炒房？買低賣高或利用市場買方恐慌賺取高額價差，跟炒股差不多意思，但這卻並非一個穩定或健康的投資方式與態度，因爲買空賣空做的都是時機財。在不動產的複利概念中，必須要有時間上的配置計畫，基本上將資金轉換投入到房地產是不會虧蝕的，就算進場的時機是行情高點，但未來總有一天還是會再超過這個價位。就算投資過程中遭遇到不可預期的環境衝擊，未來也還是有一天會再拉回並超過自己當時所持有的成本。

有錢人如何讓不動產複利呢？
首先必須要有一定的資金，購屋門檻並不低，沒有存個幾百萬的自備金就別幻想在這個領域內能夠短期致富，因爲你沒有那個籌碼可以來應付未知的突發狀況。當你利用低利的房貸在養房時可以選擇出租來降低持續性開銷，剩下的就是耐心等候與布局，只要在房市熱潮之前還能存夠再買下更多的房子時就不需要保守，慎選好地段紮根，若干或十來年後，租金的總收益再加不動產價差上那回來的數字財富是很難預估的。

實際案例：
民國93年某重劃區的一間預售套房不過百來萬的總價，房東賺了15年租金後以近三倍的房價出售，總收益遠超過當初持有成本近五倍的淨利潤。
民國95年某重劃區的三房行情不過六百萬有找，持有者除自住外這些年也專注地將本業收入都轉到不動產上，未使用的空屋就長期出租，15年來從房價行情七百萬陸續買到一千餘萬，連續持有購入至少四個投資物件上，並在近期瘋狂的房市出清了結屋齡較早的單位，除了租金收益外，光房屋總價差就高達兩倍以上，回來的還不只是獲利空間，連原本繳還貸款的本金也一併回收，這複利的總收入是遠遠超過持有者自然儲蓄的效率。

如果一個家庭雙薪一年可支配所得超過一百萬，以預售屋而言平均存兩年存下的錢就可再購得一屋，雖然房價上升的過程中會讓這個門檻增加，但只要持有的時間達到一定程度，那些未來的不動產價值都會加倍回饋在自己身上。

在既定有錢人的眼裡，全世界最能致富的複利投資不外乎兩者，一是股市代表巴菲特，另外則是房市代表李嘉誠，前者只要眼光正確選對公司與企業，那麼就是跟著一起持續賺錢的散戶股東。後者只要地段布局選對區域發展的趨勢，那麼就是不斷再增長人生資產的專業投資客。兩者間的穩定不外乎都需要時間，如果你的投資心態都要賺得快且多又要低風險，那麼你就要有把時機財吐回市場的心理準備，不是不報，只是未到，大部分可以常保成功投資勝率的高手，他們是不會在乎負面環境與景氣的影響，反之他們更有勇氣在行情低水位時跟信心低迷的大局之中大膽入市。

在人性上有80%的概率都會選擇追高殺低，市場熱時跟著大衆搶著進場，在市場冷時望之卻步。台灣的不動產因爲有著獨有的特性，它提供了一般人可以很單純就能夠增加收入且又相對穩定的條件，即便是自住用的房子，那怕只有一間，都是住著住著就生錢了，住越久增值幅度越高。誰又不想賺錢呢？誰又不想理財呢？誰又不想可以保存下自己辛苦的收入呢？但投資要有道，而非妄想，要有耐心，而非貪婪，要有理性的計畫，而非買空賣空。越是輕鬆得來的財富就越要去省思這背後的意義，因爲那並不屬於你眞正的資產，而是短暫的過眼雲煙罷了。跟在巨人的背影走，遲早有天你也可成爲巨人之一，若都只著眼在那一次性的投機價差，即便賺到了，也是運氣，也是偏財，那並非投資的意義更不是複利的概念。

【投資置產本身並沒有是非對錯，也許首購族會認爲房價都是炒起來的，但任何市場與產品的價錢跟交易量之間都有其運行的平衡存在，物極必反是現況經濟面很常出現的狀況，所以也不需要將房市行情歸咎於是誰的錯。到最後，其實也只有買與不買的差別而已，也是只有買了以後或沒買以後的差距罷了，複利的觀念存在於富人之中，無論怎麼掙扎反抗，你也很難去抵抗M型化的另外一頭，其實如果早早就有這種認知的話，遲早你也可以因此借力使力而成爲富的那一群，端看於自己怎麼想了。】

# 『大隱於朝』

｜#自我審視｜無聲勝有聲

古語云：小隱於野，中隱於市，大隱於朝。
小者隱於野，獨善其身。
中者隱於市，全家保族：
大者隱於朝，全身家安社稷。

不難看出古者的賢能與智慧，在人世之間，能這個字很多時候是會招禍不招福的。身爲人子之時，父母長輩總是會耳提面命地叮囑與教育著成人時要做個有用有能的人，要學以致用、要成就非凡，要當個成功的人。而當身爲人父人母之時，也會希望著自己的孩子是與衆不同的，最少，當他們表現優異的時候，你會很高興。

出了社會，開始有了經濟壓力、開始有了各種事業目標、也開始有了不同階層的慾望與理想，這些東西，若沒有能力去換取一定的產值，又怎能實現呢？工作或職場與社會地位已成了大多數人所追求的重點，也是讓人們忙碌的主因，更是生存的價值所在，於此，每個人從初始、成長、成熟、到老練，爲的不就是在培養自己的經濟效益嗎？

當然這也不斷在考驗每一個人，是否有能？是否大能？能者低調？能者高調？有些人得花上許多的時間與經驗跌跌撞撞才能有所成，有些人生及逢時恰得其運而有大成，但不代表這些有能之人都會有著同樣的智慧，當然順遂與否也可能跟其不同的人生使命而有所差異，但爲何古人經過長年歷史下來，會將此道理代代流傳於後世呢？因爲它是眞理，也是明哲保身之道，更是可將能力推到極致的祕訣。

有點能力的人希望依賴周圍的環境忘卻世事，沉湎於桃源世外，這是小隱。眞正有能力的人卻是隱匿於市井之中，那裡才是藏龍臥虎之地，這是中隱。但頂尖的高人，才會隱身於廊廟之中，他們雖身處政務喧囂的朝堂，卻能淡泊寧靜處之，利濟民間疾苦，不居智名，不邀勳功，雖大智而若愚，這才是眞正的隱者。

這是一段完美的白話解釋，懂得隱的人，才有能的資格。不懂隱的人，即使有能，可恐有朝一日會因此重創自身的努力結果。善隱的人，不輕易做無所謂與無意義的競爭，即使你有超越他人的實力，但也不會將它放在檯面上來大放厥詞，面對那些不了解你的人與是非不明的流言蜚語，根本不會被隱者放在眼裡與心裡，他們並不不在乎，甚至更樂於活在這樣的誤解之下，因爲那些錯誤的標籤才能令他們更放心地繼續埋頭做著自己的事。

話說起來，爲何有能者得需體悟這樣的道理？因爲人性有惡，大多人無法正視面對被競爭所被壓縮的生存空間，不管是心理上的不平衡，又或是在商業市場中的爾虞我詐，都無法否認在這世上，會衷心祝福你的人實在是少數。所以要走得長遠，就要思考如何可以讓自己走的更穩、更久，尤其在不動產的領域之中，求的並不是要賺得快、賺得多，反而是要賺的久。看看那些眞正有著非凡成就的前輩們，也都可以發現他們的確都不想浮世於檯面上，更不想成爲是被大衆所議論與被關注的焦點，於此可知，他們一定比你我更懂得些甚麼。

淡泊於世人之下，不表於衆人之前，被人看不起是件好事，被人所不識更是件福氣之事。如此你將不會有敵人，如此你更將不會引起特定對象的鎖定，如此你將不會被有心人士攻訐。與人結緣或商業熟識需求都有很多種低調的方式，當然有許多人也正是以這種方法在廣結善緣，在這數位化與臉書卽名片的時代下，反其道的思維總是可以讓人更順心與順遂。

智慧這種東西，說起來總是很簡單，做起來卻又是各種困難，嘴巴講講人人都會，起而行就不見得了。當我們漸漸地將努力轉換成了階段性的成果時，難免會爲難於自己的心性或個性，尤其在越年輕的時候就越難深入理解，越大器晚成時就越難去壓抑，更何況這也沒所謂的對與錯，只是在名利成就之下，總是會被放大檢視。也許久了多了習慣了慢慢地也就能徹底學會甚麼叫做潛沉，也期待總有一天自己可以做到眞正的大隱於朝。

低調的紮實自己的基礎。
低調的穩定自己的實力。
低調的內斂自己的成果。
低調的達成自己的目標。

永遠都要記得低調的重要性，永遠都要烙印低調這兩個字，永遠都要長存古人所留下的眞理，永遠也都別忘記歷史的經驗跟教訓。當然也永遠不要忽略了人心的險惡與難測，我們都可以選擇自己的良善與選擇跟保有良善的人來往相知相交，但也千萬別因那些有能之才而讓自己捲入漩渦，正面思考與認識更眞實的自我都是爲了那個未來可以更爲成熟的自己。往前走跟進步，並不只單純構築於表面上，而是要更精粹於這些所謂的心性與智慧涵養，也許不願意、也許不能體會、也許難以認同，但總到一個歲月之時，再回過頭想想看看，它的確就是人生眞諦。

【自我審視是一段與自我的對話，告訴自己跟勉勵自己的心情分享，沒有甚麼目的，單純在於透過於此之間也許可以創造出更爲有說服力的文字。因爲我必須告訴自己，無論處於何時何地何種景氣何種心情何種挫折何種喜悅之下，我都得要像個隱士一樣，忽略掉那些不應該被放在心上的各種瑣事，去在乎那些更應該要去做且要做得更完美完善的正事，心無旁騖、虛懷若谷，這就是制約一切與培養心理素質的好習慣。】

# 『嘴有所圖』

｜ #職業心苦談 ｜ 嘴德

外界，普遍等同於直接性或間接性的買方，他們對於所謂的不動產世界，是好奇又模糊，是不得而知也是嫌惡，是有誤會也是不得其解。其實大部分沒做過相關行業的人，能眞正理解內部運作的人實在少數，畢竟外行看熱鬧，內行看門道，每個職業領域都有其必須要專業的地方，如同地產業者也不會太了解客戶們的工作內容是相同意思。

沒錯，在台灣，在這極低門檻的行業，卻比一般工作有更多爆發的機運，收入與內涵修養不成正比的案例多不勝數。要賺錢並不難，但能將錢存下的人卻少之又少。要賺到眞正的巨富，也並非那麼容易的事。只不過賣房子的，都能給不讀書不會念書不愛看書也不在乎學歷的人在努力奮鬥之下有可創造高收入成就的機會。但也必須能夠有著超越一般人的毅力、認眞、耐性、抗壓、苦水，才能勉強生存，包含建商或代銷創業者，在步伐穩定以前，也都如履薄冰般的在風險中尋縫夾生，眞要成爲世人眼中的富商，多半也是時間歷練累積而來的。

在這麼大的一鍋粥，在這麼沒有均質又和在一起的米缸裡，在初始入道的動機絕大多數都是爲了利益與金錢的人群裡，怎麼可能有法確保每個從業人員都擁有高素質水準呢？老鼠屎到處都是，有賺錢的污漬也不在少數，當然一事無成混到老邁的不平衡份子更多如過江之鯽。

所以在許多負面新聞、觀感、不法、與私利帶給人們的看法，似乎總覺得賣方都在坑殺消費者，又或是仲人銷售單位在荼毒買方。其實不然，在產業的存在原因之中，是有需求本質才會擁有大量的供給，也就是所謂的沒有經過業務與包裝的產品，是不會有人買單的。畢竟不動產是大筆交易金額，不管是甚麼種類的房子，也都需要它的專業與通路，與此產生了服務費與這個行業。既然有必要存在，卻又被撻伐，豈不矛盾？難不成取得服務不需要負擔相關成本嗎？難不成那些害群之馬就得被代表整個市場嗎？其實這是相當不公平的觀念認知。

至於一個幾乎在靠嘴巴賺錢的工作，「話」就成了很重要的工具，如果不會講話，很難在這行做下去。如果不會講好話，很難在這行有成就。如果不懂學習怎麼講話，基本上就不適合這個產業。業務是基本中的基本，是所有延伸中的基礎。而溝通就是最重要的功夫，怎麼說話也就得靠自己的腦中思緒思維反應造就，甚麼人講甚麼話，甚麼人更會說甚麼話，話中有話，話中之藝術，也並非天賦或三言兩語就可開竅。當然這些語言跟行爲，能有正面作用更可以用做反面的用途。

水能載舟、亦能覆舟。何謂「嘴德」？道人是非的不說、顚倒黑白的不說、惡意栽贓的不說、流言蜚語的不說、八卦訛言的不說、道聽塗講的不說、沒經證實的不說、論人長短的不說、攻訐狡詐的不說，至於那些沒有語彙之德的人：不是傻、就是幼、或則奸、又是賊、可有圖、甚是計、再則病，凡事必有因。無風不起浪在不動產界之中是不成立的，因爲圈子小，若不能及早除患，又怎能讓無力的自己生存？

於是道德遲早就成了舌下根，隨著口水吞到肚裡去了，初衷與單純浪漫的這種東西也隨著資歷慢慢拋諸腦後。所以這行業爲何辛苦，首先要培育在低門檻無特殊職能基礎的自己能夠成就一片天地，同時要比一般工作或人來得更爲堅毅不拔，再來要提升各方面的水準與涵養令自己的實力可以與其成正比，守住並妥善運用長年累積的資源再不斷學習得更多，最後保有不變的原則跟善用難得的智慧來處事及解決問題。但這中間的過程，你得先戰勝與市場拔河的另一方，再來要有無敵強悍的心境來面對同業之間的各種失德之語跟無德之行。若最後還可全身而退之時，也就能披著穿越荊棘所帶來的傷狠累累矗直立著。

苦永遠都是正常的，身爲第一線要被買方所帶來的各種煎熬在忍耐吸收，被賣方或資方與甲方給予的壓力或屈辱也得照單全收，這些種種，也都是正常中的正常。買方有嫌棄與批評惡語的權利、也可以帶著以偏概全的主觀來大砍特殺，賣方也有詆毀不屑你付出的權力，也可以戴著有色眼鏡來不尊重專業，雙面夾殺也是業內常態中的常態。

【人心險惡、人嘴更險惡、所以人言可畏。當我們都處於相同環境而努力時，要學的並非是自己要多會賺錢、要會賺大錢、要會做業績等等，而是從盈利這個目的的過程中來讓自身的全方位有所成長，且是超越一般人成長步伐的那種成長。但遺憾的是，有太多人是因為滿腦子只想著賺錢與有無形的利益，而無所不用其極的想打擊掉努力的人。以努力在負面的那種努力來抹煞掉其他人正面的努力，於此嘴有所圖。】

# 『仲介好賺嗎』

## ｜#職業心苦談｜ 多頭下的迷思

景氣大好，網路也開始流傳了銷售單位如何爆發致富，服務費有多好賺，仲介業績有多麼輕鬆就可以成交，事實眞是如此嗎？也許只有第一線才最淸楚這些辛苦錢是怎麼來的。

仲介的產業循環與結構大致如此：沒有底薪，所以必須要有吃老本的心理準備，對於一個外行的新手來說，這是一個風險，因爲業績這件事對任何一個老手或高手而言，都無法有絕對百分百的肯定是月月都會有相同的結果。換言之，也許你這個月成交了，但不代表你每個月都一定會成交，可沒有成績，你就沒有收入。再者這是一個高度競爭的低門檻工作，不管景氣再怎麼好，想搶飯吃的人一大堆，但能賣的物件量就這麼少，你又該如何確保自己能夠都可常態脫穎而出呢？最後則是這個產業比較沒有所謂的專業技能，也就是說所有的收入都來自於業務跟服務能力，所以絕大多數的仲介，賺了錢之後都會走向自行開店來試圖避掉要與原店家分酬來增加更多的收益，即使自己開創了一家成功的店，下一個目標就是再開第二家店，以此類推，所以才會有句話說「做了仲介後不是被淘汰就是永遠的仲介」。

術業有專攻、隔行如隔山、行行出狀元，這是在考量對於若非自己身處與了解的產業，就不要以膚淺的態度去臆測他們有多好賺，因爲我們永遠不知道那些光輝的背後是要付出與犧牲多少代價而換來的。

景氣是十年一轉、房市也是多年一輪，你想的是仲介者在景氣熱鬧時有多好做，卻沒想到的是在不景氣時他們是如何撐過來的，你以爲天天都在過年嗎？不然，在台灣的不動產行業包含著建商、代銷、與仲介多半是十年磨一劍，一出鞘就是要搶錢搶業績搶收入搶賣房搶成交，因爲沒有人知道「這一波」還能夠持續多久。

但遺憾的是在資訊便捷的時代下，心態不是那麼健康的人就會以此來做文章拿來渲染，媒體也以此下了標題，一桿子打翻一船人來誤導大衆觀感，其實綜歸一個結論，如果你覺得某個行業如論壇所述那麼好賺，何不撥個半年三個月來去嘗試看看呢？

仲介是雙向通路：銷售走買方、開發走賣方，買與賣的立場永遠是對峙的，所以對於仲介而言這也是兩種不同的業務取向。景氣好時要攻開發多拿下委託，景氣差時就要攻銷售來刺激成交，缺一不可，兩者間的能力或人脈都很強勁的時候，業績自然不會差，但重點是有那麼容易嗎？或有這麼簡單輕鬆可掬嗎？

在今年尤其越靠近現在的時間週期下，的確因爲疫情後的房市又更加熱絡誇張，導致中古市場普遍交易量大增，成交率與價錢行情屢創新高，只要仲介能開發到不錯的物件基本上就是秒殺甚至還會造成買方排隊看屋。因此在這兩年間有在第一線上的仲介從業人員若還賺不到錢，其實可以離開了，因爲在無形上你已經被淘汰。在背景強力推波助瀾的時機如果還無法創造業績就代表你不適合吃這行飯，或者是你眞的太不努力與太不認眞了。

108年的仲介總業績應該優於107年度時的2~3倍，今年尙未走完，但109年的成績應該又會是去年的2倍。百萬千萬經紀人的產生數量可謂是近十年新高，代表成交量不僅大，成交速度更快，整體效率因應房市的熱潮而被推上了循環高峰，但也許仲介在近年收穫滿滿，可並不代表明年後的未來都還可保類似水準，因爲海水退了，才會知道誰沒穿褲子。

努力不見得成功，但不努力永遠都不會成功。景氣在平均值以下時極度奮鬥工作的成績可能只有景氣好時的一半，所以運氣與無形的因素之下，會加倍放大投入的成果，但那是對於一個很用心與很認眞的仲介而言是如此，可這個圈子的人卻並非人人都如此，所以身爲圈外人的你，能夠確保自己離開了熟悉的產業跳來不動產後一定會有所表現嗎？要知道這個以業績至上的職業可是會以陪伴家人、孩子、朋友、與自己休閒的時間或感情來當作犧牲代價的，若沒有這種覺悟，能在這個行業眞正賺到錢的人其實不多，能存下的，更少。

在網路這麼方便的現在，不管是買或賣方，都已不僅是單純人性上的難度而已，許多的教戰守則、經驗教學、各式相關文章，都把大家教育的很精明了，當你開始要面臨在人們之間該如何簽得一份出價斡旋或委託出售單時，就完全是不同的立場了。原本身爲是消費者時曾經對仲介的那種不滿不屑或無法忍耐與體諒的地方，就得要轉移到自己的身上了，要知道，批判人是容易的，但要批判自己卻是很困難的。因爲你將會發現，那些你討厭的過程對於仲介而言，就是成交的必經之路，再怎麼不喜歡不情願，這都是業務，若不這麼做，你以爲誠實老實就能夠成爲超業成爲媒體筆下那端好賺的仲介？別癡人說夢了，無論景氣再怎麼熱、房子再怎麼好賣，都還是要避重就輕的打太極、都還是要演一波狀況劇、都還是要腳勤多跑多流汗、都還是要投入經營客戶與花錢打廣告。這世上沒有不勞而獲的事，仲介更沒有不勞而獲的業績，想要因時機好而不勞就想得獲的態度，做甚麼工作都將注定失敗。

開發要想辦法來解決要賣破高行情的賣方。

銷售要想辦法來解決要買波低行情的買方。

你還要想辦法來解決要砍合理報酬的雙方。

身爲一個外行者、身爲一個從沒做過這個行業的你、身爲沒有任何業務經驗與不了解房地產跟市場的人，你該如何在這三方之間的利益來遊走生存呢？而且、大多沒有底薪，你又有多少籌碼來支撐你的生活開銷呢？要知道很多人都會去信貸或借一筆錢來投入仲介工作拚鬥的，如果沒有很強烈想賺錢的企圖心，只是因爲輿論而來嘗試卻沒有決心的話，你會很快被現實擊敗。

【在仲介的領域裡，偶爾能取得佳績的

人，只是過眼雲煙。年年都能登上排行榜的人，才是眞正的高手，在任何時機背景下都可保有一定水準的成績，才是生存者。仲介除了做業績、也能轉投資買下有價差空間的物件、也能買預售新案來轉手，但無論是怎樣的賺錢手法或管道，外行永遠是在看熱鬧，內行才能瞧見門道，重點是你該如何讓自己成爲是個內行人。與其一張嘴，不如親自下來試一試，與其看些灑狗血的文章，不妨也讓自己來挑戰一番看看。】

2021.03.04

肆

# 時事聊論

# 『無限發展』

｜ #時事聊論 ｜ 複製繁榮

都市隨著歷史與時代變遷，都會有不同的進化面貌，從最早期的車站鬧區進而擴爲市中心、再到百貨公司與商場的興起流行帶動商圈核心、再到各式大型採購量販或外商經營模式的生活機能與娛樂休閒標的，這都代表著我們所處的世界，的確一直在改變，人們的日常或所仰賴的場所，也不斷再升級，消費模式也跟著在日新月異。當然所帶來的話題、不動產的影響、買賣房子的利多建設、新聞媒體或官方所關注的發展焦點，無論何者，都好似有著源源不絕的牛肉話題，當然於此也會引起市場許多買方的疑惑，究竟繁榮可以帶動多少自己所在意的居住優勢與價錢走勢呢？

城市的發展初始，都以交通爲首，所以居宅逐便捷而居，自然重劃區或都市計畫總是由脈絡建設而起。台鐵、高鐵、捷運、國道、造橋、闢路，這樣才能塑形成地段之利，而後是機能，但只不過歷經了數十年來的開發，現在與過去的商圈已完全是不同的模式。舊市區不再人人愛了，有未來發展的議題彈性成爲了大家想追逐的重點，可說是每個人都對未來有期待與願景，於此預售屋、新開發地、新重劃區段，也成了時下流行的購屋考量重點，更別說周邊有大企業參與布局的BOT案。買方也定義了房價的位置，何爲蛋黃區，何爲蛋白區，看需求量即可一覽無遺，因此市場也定位了其地段眞正的價值。

繁榮一直以來都是人類所努力想建立的最佳環境，滿足了人生理想、慾望，也達成了家庭與家人們的便利，甚至塡充了虛榮與生活品質，誰不想住在可以被稱羨的好地方呢？誰不想住在四通八達又極度方便的好地段呢？看著多年來從空空如也被造就成局的重劃地，事實證明夢想也眞的不遠，土地的被利用價值隨著時間慢慢成就當初所構築的藍圖，那些預售時被賣方語言所陶醉的夢幻，似乎也不再只是天方夜譚，只要是被市場機制所青睞的高度集會區，這種未來則不再是空談。

物換星移，甚麼是好地段的條件呢？

1.交通：大量的流動人車。
2.商圈：高度的集市核心。
3.休閒：人口聚集的指標。
4.學區：孩童就學的便利。
5.機能：生活的高度方便。
6.未來：多元的開發機會。

只要能夠滿足此六項大綱，順理成章將會成為消費者所嚮往的區域。而後市，也不僅是買方所認同，就連官方政府，再延伸至賣方到開發單位，都會順勢集中爭取核心區間帶的發展，令其可以再次創造一個又一個的新都心，鑑於此，當然也有利了所有方的利益考量。
買房者，可得一個更為理想的環境。
投資者，可得一個更漂亮的投報值。
置產者，可得一個更長遠的收益率。
開發者，可得一個天文數字的收入。
仲介方，可得一個絕佳的成長過程。
建設方，可得一個長期發展的平台。
政府方，可得一個完美稅收的理由。

所以我們需要繁榮，繁榮也需要發展，無限的繁榮、無限的發展，就能造就出無限的利益。這不僅是人們所自然追逐的方向，更是在社會與購屋需求條件上最基本的層面，同時更反應出進步等於貪婪，貪婪引起更多的進步，相生不息，源源不絕。

財團需要政府推動引導。
買方需要賣方售予未來。
發展需要市場給予需求。
環境需要時間造就事實。
集市需要人口推動供給。

先有交通，才後有居住動機。
先有買氣，才後有投資嗅覺。
先有潛力，才後有置產價值。
先有藍圖，才後有開發意義。
先有買方，才後有銷售市場。
先有需求，才後有建商供給。
先有人居，才後有商家林立。
先有消費，才後有企業扎根。

地段好，如果買在眼前已成形的一切，那

價必定高。地段可能會好，如果買在市場氛圍已確定的訊息，那價還尚可。地段若處在還需要時間發酵階段，如果買在現況甚麼都還是空蕩蕩之時，那價必定較低。所以在這個邏輯上，當你眼下已然全面認同地段的絕佳性，房價怎可能便宜？地價成本又怎可能會少呢？當你對售屋業務所講的一切願景都充滿狐疑，整個開發區域空空如也無法說服自己的時候，當然房價也會較爲親民。於此投資者，會將其歸納爲價差空間，長期置產者，更將其當作長年度的收益爆發計畫。

一個交通建設，足以撼動房價10%以上。
數個交通建設，足以影響房價20%以上。
一個百貨商圈，足以撼動房價30%以上。
一個機能核心，足以影響房價30%以上。
一個利多商城，足以撼動房價30%以上。
數個重大發展，足以影響房價半倍以上。

懷疑因人們需求而建立的進步繁榮，是大愚。
懷疑因市場成長而產生的進化象徵，是大蠢。

那些帶著空蕩且沒有實質立基點的負面方，確實無法爲自己討不到半點便宜，也許他們認爲自己的使命就是要看衰一切，不過事實上也並非沒有失敗的案例。慎選發展區段是很重要的判斷能力，有些人靠的是直覺，有些人憑的是經驗，但有更多聰明人仰賴的是跟著巨人走。我們個人因投入錯誤而損失的籌碼與這些企業、產業、建商、開發商的失敗風險相比，根本不算甚麼，所以最簡單直接的方式，那就是尾隨著那些當區域外界所投資的金額，他們吃肉，我們喝湯，基本上長期下來而論也幾乎都是穩賺不賠。

【人類所處的文明世界，會不斷再不斷地進步，我們所居住的環境，也會不斷再不斷地因發展而無限繁榮下去。舊地沒落、新地崛起，再沒落、再開發，以此循環不息，當然利益也因此會成長不斷。所以不要反其道而行，更不要逆環境大局的投資面而爲了反對而反對，商人畢竟言商，沒有賺錢的機會，這些經商者不可能會做沒意義的投入或隨興敷衍的商業布局。唯一可以解釋的是，他們都看好未來的成長潛力而逢低入市。】

# 『持有率說故事』

## ｜#時事聊論｜房子不再只是拿來住

財政部的公開統計數據，從此可得知每年不動產對於購買者之間的意義與動機思維變化，從此也可比較出時代變化影響之下的房地產在理財與需求世界之中的地位何在。

如果你還以爲房子只是拿來住的話，那可是陳舊的認知。
如果你還以爲房子與少子化有關連，那可是錯誤的觀念。
如果你還以爲房子與空屋率有關係，那可是失眞的議題。

人人都知曉，購屋者都需要貸款，貸款就有利息。可全球金融與經濟主流的變遷下，利率與伴隨在後的通貨膨脹，也不斷透過時間與增值來讓買房這件事變得輕鬆，而這些借出去的資金大多也都由金融單位來承擔最後也是最主要的市場槓桿壓力，所以爲何不動產可以這麼保值與長期維持行情的一定水平，跟銀行的擔保價值牽制有著絕對的關係。

2014年：
1人1屋爲79.7%。
1人2屋爲14.8%。
1人3屋爲3.4%。
1人4屋以上爲2.1%。

2020年：
1人1屋爲75.67%，六年來下降了5.3%。
1人2屋爲15.65%，六年來成長5.7%。
1人3屋爲4.17%，六年來成長21.7%。
1人4屋以上爲4.25%，六年來成長102%。

這段時間週期下來，1人名下僅持1屋的比例明顯下降，而1人持有多屋的比例卻有感上升，並且在1人持有大量房子的比例更是倍數增加。假若不動產還只是單純自住考量與需求的話，不可能會有這樣的數據結論，反之應該是多屋持有者的數量要下修才是。但如今這樣的結果，只能很明顯的說明房地產對很多人來說，已經成爲是一個經濟理財的工具了。

說來悲哀，當一個剛性需求產品慢慢也淪爲是養財的平台，也就代表著房子原創造的初衷理由不再，因爲人人都想賺錢，人人也都想要找其他的方式來補上短缺或不漲的年收入，人人也都想可因甚麼致富。但在台灣，不動產的風險極低，又能合理化的槓桿運用，也可作爲被動收入，同時又保高效率的存錢儲蓄，甚至景氣極好的時候還能投機投資炒作賺取極高收益。所以原本人們單純的需求已然變質，同理這樣的資金買盤也成了墊高房價的主力之一。

既然房子不是買來住的，那少子化又有何差別呢？
既然房子是買來置產的，那空屋率又如何做數呢？

然而隨著時間的過去，這個現象就越趨嚴重，就像是種流行也是一個正常不過的自然總結，未來之後，人們更越會重視到不動產特性能對自己帶來甚麼好處。那些曾經是自住而購的，也慢慢會轉爲變相置產，當從此上獲得了好處與價差的時候，也更會食髓知味的越買越多越買越兇。

唯獨比較狀況外的，就是那些首購沒經驗的族群，與那些想買卻死不買房的人，或者是對不動產相對遲鈍無感的消費層，以及不斷被空頭負面思想纏身的買方。這些人們，都將會是在不動產相關金流下的犧牲者，因爲他們是無法因此獲得利益也無法爲此讓自己的人生資產膨脹，於此社會的M型化，也將越拉越大，貧富差距也會越來越嚴重。

堅持1人1屋的，總是在機會層面上會輸給持有多屋的人，在籌碼上也比不過人家，在資訊速度上與可以得惠的管道途徑跟投資置產的做法及觀念更是天地之差，如此更不用講那些1人0屋的機會根本等同於零。順勢會是一般人比較簡單又沒煩惱的作法，當周遭的環境氛圍與數據及整個市場的反應都一面倒時，請不要讓自己做那個想逆天的人，因爲這對自身的長期成長而言，並不會有任何好處與幫助。

關注研究市場變化與發展的數據，總是可以為買房或購屋增進些原本自己看不到或想錯地方的東西，認同接受它，不會有甚麼損失。但為反對而反對，卻可能會因此帶來時間上的無謂消耗，要知道，能獲取某方面成功或成就的人士，是不允許自己浪費光陰的，因為時間就是金錢，在這一點上面，不動產可謂是最佳也最貼切的金融經濟商品。

【貸款餘額逐年上升，代表年均購屋量在增加。建商營造融資餘額逐年上行，代表供給量與賣方信心在增加。雙雙都往上，代表市場熱度持正面結論，反之則可觀望保守待之。許多的統計數據都可以表現出它所可以反應的故事，在大多數優勢的原則之下，自己是否能成為這共利圈的一分子，又或是該趨吉避凶的時刻，都是很重要的進場參考法則。倘若房產在自住需求與投資上的比例已開始嚴重失衡崩潰的時候，也可能會是下一次危機來臨前的徵兆，但當還未到那種時機之前，請記得，房子已經不再只是拿來住了，而是一個放錢與避險的容器，是一個養財與生財的工具，是一個讓年均收入成長的平台，你可以不懂，但你無法讓已經懂的人不懂。】

# 『成本是甚麼』

｜ #時事聊論 ｜ 羊身上不可能一毛不拔

最近新聞有篇公開來自於興富發與大陸工程所提供的最新營建業成本上漲幅度，其實應該早就要設定相關平台揭露相關營造成本每年的漲幅，不然消費者普遍都以爲蓋房子所需耗費的基礎預算都是永遠不變的，若吃米不知道米價，又該如何知道自己買的房子應該要是什麼價錢呢？又該如何知曉判斷市場行情呢？

建設主要的原物料是土地，但除此之外，所謂的營建成本包含的範圍是相當大的，比如耗量最大的鋼筋與混擬土及鋼骨，當這些基本建築材料的價錢是年年在上漲的話，那造價就不可能可與過去相比。

其他硬體設備等相關包含了：外飾磚材、石材、磁磚、油漆、植栽、地壁磚等飾材、家具、弱電管線、各項門與框、扶手、鐵件、住家設備、消防與公共設施、裝潢木料、空間設計美化材料以及其餘必要性的設備，在通貨膨脹的影響之下，這些周邊種種的上游價格，十年前後的漲幅是很大的，因此房價會高也只不過是反應在羊身上罷了。

再來就是人事相關的工資了，無論一例一休有無影響，但台灣各行各業的斷層大缺工在營建這塊上面更是嚴重，年輕人不再以薪資跟收入爲主要的工作動機，而是不想吃苦也不願意做粗工或太操勞的專業技術職工，因此這些連動性的成本加諸下來，與上一個時代相比甚至有一倍以上的差距。

在這篇幅的漲福表格所述：
土地上漲了30%，但其實許多蛋黃區甚至在近三五年漲了兩倍多。
鋼筋上漲了10%，但其實大型鋼材與運費上漲的比例是更高於此。
水泥上漲了20~60%，一線品牌與高磅數的水泥成本年年在調整。
模板工漲了30~100%，泥水工漲了40~50%，鋼筋工漲了40~50%，水電工漲了30~40%，電銲工漲了100%。

在人資上，已經出現了有錢都請不到人的

窘境，各個工地或營造商，爲求能夠在工程進度上順利不延誤，高薪挖隔壁的工人也是常有的事，人力上的供不應求是每家建商都有的問題，薪資上調的惡性競爭也逐漸成爲了基本行情，高價都請不到人更別想還要省這塊成本，沒工人對於建案過程來說是非常嚴重的事。

原物料的影響也不僅在於建設源頭上，只是他們吸收的幅度跟壓力比較大，但回歸到一般消費者身上，其實也不難發現，在居家相關的一切周邊廠商，即便金額再小，也有很明顯的漲幅。比如裝潢與木工、窗簾與壁紙、家具與設備、電子系統或弱電施工，這些在這十年來的價錢比較差異是非常大的，就算給設計師統包工程，現在實際坪單價沒有五萬起跳是做不出甚麼好東西的，如果要走高品質或特殊設計風格，要價八萬甚至超過十萬以上也很常見。所以現在系統櫃跟現成品很流行在首購客群的房子裡，就是因爲與裝潢相比的話划算非常多。

建築業，羊毛始終出在羊身上：
建商之於營造，只好提高營建成本單價。
建商之於買方，只好提高建案平均售價。

以前蓋個四樓透天，不過4萬一坪，現在卻要6萬起跳。
以前蓋個社區大樓，不過7萬一坪，現在卻要9萬起跳。
這還是陽春到不行甚至是以蛋白區的成本來看待，若是要提升一點競爭力，比如外觀設計、中庭公設、建築師與設計師、基本居家建材等級、基礎工法或耐震設施，那就可不是這個造價了。

買方要注意與思考的兩個觀點：
其一、了解市場產品的成本，可有助於自己在買房時對於價錢或行情上的客觀，因爲當你是自購地自建時、當你是營造或建商時，你就會發現原來成本這麼高，你也才會發現原來這樣的成本就必須得要賣這樣的房價，你更會發現原來自己想要買的價錢更本不可能發生在事實上。

其二、通膨所帶來的影響是全面性的，撇除掉房價在投資方與景氣過熱的不合理操作外，基礎成本是人人都在發生的事，並非只有你喜歡的建案或某家建商才有。哪個建案比較貴哪個建案比較便宜，它們都是有原因跟理由的，如果你可以接受與理解，那麼你應該可以想到未來的走向，通貨膨脹持續發生下去，原物料跟人資工費只會越來越貴，那麼房價怎麼可能會往下走呢？所以早買早享受，與其說賺取時間價差，不如說你只不過是在通膨幅度低點時進場卡位，這樣想也許你可以平衡些。

賣方希望賣貴嗎？大部分的情形下會以能銷售出去爲主，那麼無法被市場接受的過高或貪心的定價做法，並非是建商所樂見與想做的事。那爲何越來越貴，只能說建設公司也是要生存跟賺錢，如果不持續推案，又該如何支撐這個產業呢？那麼在專精的老本行裡撈飯吃，也就只能去接受這樣的成本事實，再說了，大家都一樣也不是只有我的成本比較高，所以結論當然大家也都會一樣是呈現在市場最終的建案售價上了。

【幫哪一方說話，是不智的。因爲賣方有賣方的立場、買方也有買方的考量，如果忽略買方的需求面而在論述賣方的好，那一點都不客觀。相對的，如果忽略賣方的事實面而只論述賣方的壞，那也是不客觀的。在市場裡都會有個中立於雙方之間的天秤與平衡點所在，有廣告商爲取廣告費而無腦的在推賣方有多好沒有壞，也有些名嘴或部落客爲了自己的目的而不斷在唱空賣方的壞沒有好，不管是哪種鷹鴿極左右派，如果大家都能針對這個世界所發生的實際情形來坦白於世，那麼消費混亂就會導正一些。輿論不應該有絕對性的立場，但現實卻有眼睜睜的眞實。】

# 『紅單是甚麼++』

| #時事聊論 | 官方輿論

近來不斷上房產熱點新聞，也是景氣好時才會有的產物，一直被拿來作文章的紅單轉賣再度被官方盯上要來徹查是否有擾亂市場秩序的嫌疑，但紅單到底是甚麼？紅單轉賣又是甚麼？這過程中的交易模式又是甚麼？如果不是在第一線上執行且具有一定經驗的單位，其實對這其中眞正了解的人是非常少的。

紅單這俗稱只是在於不動產預約單或訂購單的買方收執底聯都是紅色的所以如此稱呼，假設哪天把它變成藍色的，就叫藍單，把它變綠色的，就叫綠單，以此類推。所以將那張收執聯拿到市場上交易，就叫買賣紅單，也叫轉紅單，這也是現在被詬病爲房價炒作工具的主角，但其實大家都搞錯了。

在過去金融風暴後的民國100~103年，的確有非常多的紅單買賣，在投資客眼裡這也是風險最低，投報最高的另類新創的交易模式。因爲在台灣不動產的歷史中從來未有過這種買賣手法，也因爲賣方沒有相關經驗，但只要爲了能夠快速將建案完銷，建商或代銷都願意嘗試配合看看找上門來的成交機會。這就是所謂的在開案前帶團買紅單的掃貨，剛開始在資訊不對等的消費市場之中，這種模式大幅度降低推案風險。誰又不想在資料還沒準備好、在銷售工具甚至場地還沒到位時，就已經確定完售個三成、五成、或七成呢？

但這個方式走了不過2年，問題跟副作用開始浮現了，投資或投機客的自私現實與套利主義，比起仲介有過之而無不及，這些爲了搶市卡位來占賣方便宜的人到了推案中後期卻成了銷售現場的主要敵人跟競爭對手。所以這段期間的經驗結論告訴了賣方，紅單不能玩，紅單也不能放，更不能讓利給投機客。

要知道，協助紅單更名是必須要透過賣方的，若賣方不配合，這個交易就無法成立，所以在此之後根本就沒有建商或代銷會允諾或同意消費者可以換紅單，除非是三等親內不然想從此要獲利是不可能的。

因此才會說這是在占賣方的便宜，因爲換紅單機制的初衷本來就是爲了便利買方，可卻被市場趁隙利用拿來當作賺短期價差的工具。

承上述：紅單成立的條件除了賣方願意配合外，還有一個最重要的關鍵就是你手上要有這張單，要有這個房子的預約權。這兩個條件不存在的話，就不叫「賣紅單」。所以近幾年有了新進化的交易模式出現，就是帶團購買屋，又或是稱爲在案前階段組織協助有意願購屋者針對目標性建案買房。這個單位有不少人在做，也有不少非不動產相關行業者在執行：有媒體、有部落客、有仲介、有內部關係者、有科技業、甚至還有政客或里長伯到黑勢力都有可能，因爲這是短期間的時機財，利益龐大，吸引許多人都想撈上一筆。

這模式有的會經過建商或代銷授權，有的不會。它會是亂源嗎？只能說明任何中段服務費、轉手方的價差，都是經過買方所認同才會存在進而成立行情，這就是「市場機制」。如果買方完全無法接受所有超乎預期的購買成本，那就不會有這種東西出來，更不會有這種價差出現。比如你花個30萬買了案前某戶，在簽立預售買賣契約後隨卽有價差200萬以上的行情，而且還很好賣，那麼請問這份炒房之虞，責任該歸屬於賣拿房服務的那一方、還是去付服務費的轉手方、還是最終去花200萬的接手方？這又該用何條法或規章來定義呢？

官方在表面上或許不懂或不知其產業的循環因果關係，但政商政商、並不代表所有從政方都完全不了解，是否有煙霧彈幕在背後上下其手，也是個問號。這個時機下的共利圈大到搞不好最後會發現自己親朋好友也有參與，不管是否刻意知情的投資投機，但人人都想賺錢、全民瘋投資的時代，到底何罪之有呢？

無論是以前的紅單買賣、或是現況的預售換約、再到綁約限制的私約轉賣、又或是在案前各路人馬的揪團買房，全部都建立在一個基本不過的因果邏輯：先有「需求」，才有供給。沒有需求，所有的供給都不會成立於行情，需求越大，供給越大，需求量越超過供給比例，價差就會越大。

如果是自由的市場機制，如果是民主文化，就沒辦法隨便定罪於某時機下的買方或賣方，難道你家成本1000萬賣1300萬就犯法嗎？就構成擾亂交易秩序嗎？或是你家成本1000萬賠本賣900萬也犯法嗎？我們不是共產主義，官方應該要去管制的是媒體訊息，因為太過氾濫的資訊會產生許多誤導，更可以被有心者加工成為是種既定風向，也能因此創造對自己或某方有利的商業價值。

如果自由底下的媒體是有受到嚴格審核的，那麼市場亂象就會降低。在熱頭底下每一個在資訊端工作的人都想賺取資訊價值，講難聽點就是灑狗血，越能激起群眾們的關注點擊或被討論被放大，就越能主導市場的認知。在科技方便的現代養成大部分的人容易迷失在假象之中，但若主管機關能夠對不動產媒體針對炒作相關新聞嚴查探詢，最終必定能找出關鍵源頭。亂的不是市場機制，亂的是想從熱鬧中套利的人。

消費者或民怨中的炒房認知：
1.建商越賣越貴。
2.案前的服務費。
3.轉手方的價差。
4.仲介的服務費。

但在這層認知底下，更應該要去思考一個事實，如果沒人買的話，又怎麼有辦法成立這些造成房價提升的事實呢？

客觀從上述追根究底的邏輯：
1.上漲的土地如果建商不願意吸收成本，何來越來越貴？
2.上漲的營建成本建商也不得不去吸收，何來越來越貴？
3.案前任何單位的集客行為都沒有反應，何來越來越熱？

4.買到房子的人如果沒有想要創造價差，何來越來越貴？
5.二手以上若仲介交易服務費沒有市場，何來越來越貴？
6.接手方如果不願意吸收承接高額價差，何來越來越貴？

市場就像是一片大海，任何一個人都只是這其中的一小粟，誰都無法以個人之力來撼動整個買賣機制與行情，這一切的發生都來自於經濟基礎跟景氣背景，可眞正能認同或站在平衡點看待的人又有多少呢？每個因爲考慮因爲猶豫因爲首購而看著越來越高的房價，除了怨除了恨，又能做些甚麼呢？所以這股被媒體羶煽的勢力就成了官方的壓力，殺一儆百也好，丟些警告也罷，都只是爲了告訴這些人：你們的聲音我們做官的聽到了，也會做點事給你們看。但事實上這能幫助你們買到房子嗎？難。

【現在沒有紅單轉賣，不要再討論紅單了。去歸咎專門在走預售換約的投資方吧，那個才是成屋前創造高額房市行情的主要關鍵之一，如果這個市場完全杜絕或政策強迫限制了這種交易模式，最起碼房價上漲的掌控權與責任都只會在建商手上，相對賣方也不會因爲短期這些被創造出來的投機價差而快速調漲現行建案或下個推案的售價。在第一線與消費者的對話中也不用再聽到那句話叫做：某案換約現在價差行情都在多少錢以上了，你想買的價格還買得到嗎？】

# 『如何杜絕投機炒房』

| #時事聊論 | 健全房市

最近因媒體不斷在報導某案秒殺完銷，某案排隊搶房，某案投資客大搶紅單等等，地區不乏在新北、新竹、台中、台南、高雄，讓政府備受輿論壓力，也在近期積極在擴大稽查賣方是否有違法違規的銷售行爲，相信不久之後將會擬定更嚴格的規範政策來限制，但爲官者能否徹底了解市場的自由機制或金流與運作模式，會是最終影響程度的關鍵。何謂不食人間煙火，因爲上有政策下有對策，每個賣方都在人人自危底下，都會有相應對的手段來規避受罰，誰又會或又敢對官方坦承呢？

民國70年錢淹腳目的時代大家是全民炒股，而現在卻是全民炒房，在短期內不斷膨脹的房價，的確政府是該出手干涉了，投資投機者，並非全然是賣方得惠，反而是眞正在買房與購屋者是最大的短期贏家，所以才會有瘋狂的熱潮。

一個建案要快速完銷，沒有高投資比例的買方進場，是不可能產生這樣的結論，光只有單純的自住或首購，無論景氣再好，都無法瞬間秒殺。要知道，平均一組自住客的購屋過程從看房到決定所要耗費的時間至少可以成交十組以上的投資客，在這個基礎邏輯判斷與經驗法則下，現在這樣的熱度，至少投資動機的比例會占據全案50%以上，甚至那些原本說要自用卻在不久的未來就將房子轉賣掉的假自住客。爲何呢？因爲短期超高的投報收益已經遠遠蓋過原本單純的動機，太好賺了，於此人心思變，最後則成了全民炒房的現況。

不動產長久的轉手交易中，預售換約以及代購等等的中間收入，不管是仲介者的服務費還是買方的價差，其實這都是近十年來才出現的模式，民國100年之前市場上是沒有這樣的買賣機制，而如今要想健全房市，就得要從源頭來設法完全根絕這樣的買空賣空。

預售前的預購，爲何大家要搶卡位，爲何大家不惜額外成本要先買到呢？除了怕買不到沒得選之外，更重要的是只要買得到，一簽完預售買賣契約就丟到市場上轉賣，有限制換約的建商就給仲介走私約，如此就有相當可觀的獲利空間，尤其是越熱的建案或越受關注的地段，投報率就越高風險則越低。

如果官方眞能夠做到有效打擊，也將會抑制住建商的漲價頻率，甚至可以控制住波段行情不至於在極短的時間內就拉距過大的價格。必須得了解一件市場事實：建設公司將房子賣給消費者，結果買方在短期內就透過換約賺了一手，這讓經手辦理程序的賣方知道後會做何感想呢？既然我的房子在交屋前就有這麼大的價差，那不正代表我賣得太便宜了嗎？不會有建商能夠接受這樣的結果，這等同於賣方將建案利潤分給消費者，明明自己可以賺的空間卻讓利給了買方。所以現在有許多的新建案案例就是如此，與其給你賺，不如我將價錢調高到極限。這樣對代銷或第一線與眞正需求的自住客而言，無非是莫大的壓力，對市場來說更不是件好事。

市場邏輯如下：

沒有人做預售換約，就會過濾掉想不勞而獲的投機者。

沒有預售轉手市場，就不會有短期喊價再創高的行情。

沒有換約投資價值，就會大幅度減少想卡位搶購的人。

沒有人接手再投資，房市價錢就能夠趨緩漲也較健康。

沒有極短期的投機，建商也不至於快速調漲建案價格。

該如何杜絕呢？

規範限制賣方非三等親內的換約機制並查緝重罰。

規範仲介方不得執行預售換約與私約等業務行爲。

規範買方若眞無力購屋得自賠15%僅歸還於賣方。

規範消費者若在交屋前轉手收益得課極高額重稅。

規範若沒有合法經紀業牌照做銷售行爲得受重罰。

規範任何人都能輕鬆檢舉有做預售轉手的

任何方。

只要在市場上所有的買方都認爲把目標放在預售轉賣是很不划算的投資，就不會有人這麼做。只要賣方都有官方規範來統一限制就有合理理由強制買方不得換約。只要仲介沒有預售換約的業績可以做，市場就不會有通路。如此下來，倘若政府可以做到這樣徹底的規定，不僅能夠穩定自住客的民怨，更能預防過度泡沫的房市發生系統性的風險，還可以將市場還於單純又平衡的結論來達成三贏效應。

【市場機制是自由且自然的，唯有政府官方的干涉力能夠引導發展風向，如果無法抑制買空賣空，那房市最終還是會遇到嚴苛的考驗，時間的問題罷了。這些曾經與正在賺時機財的人們：不管是帶團投資的投客大頭、專買預售丟換約的投機客、錢不夠也想撈個過路財富的菜鳥、不斷鼓吹與說服買賣方的仲介、自己也下海集資掃貨的仲介或仲人方、運用高度槓桿在周轉的買方、因換約價差樂觀而不斷漲價的建商，也許在這個浪頭上趨勢遲早會打擊掉每個人的如意算盤，但長遠考量，根絕成屋之前的所有二手買賣，才是眞正的置產，才是眞正的不動產投資與價值所在，這也才是健康市場的大局。】

# 『媒體亂象』

｜ #時事聊論 ｜ 素質堪慮

近來在市場機制下普遍不過的不動產交易買賣模式被放在檯面上掀起一片論戰之後，又再一次的被冷飯熱炒。想想，爲何媒體新聞這麼愛追逐這一類型的標題？
因爲在台灣房地產多年的經驗裡頭，沒有發生過類似事件，也因在新竹以外的市場無法構成這樣的交易模式，所以成爲了一個難以置信的奇聞。但這是先例嗎？又或是頭一例嗎？又或是首創嗎？其實不然，只是近十年的景氣沒有現況那麼熱，當然房價也還沒那麼高，自然消費者的民怨聲浪也沒有那麼旺盛。但這在新竹的買方市場中早已不是甚麼新聞，早在近十年的紅單買賣、投資客部落客或區域媒體的揪團、仲介案前預購、大投客組織的掃貨團，除了在奢侈稅上路後幾年的蕭條之中，都不難見這些人的蹤影。於是這成爲了在地獨特的通路，自住客在資訊不對等的速度下買房子永遠輸給投資客跟仲介，然而這個事件中主角所執行的業務目的究竟是爲了自住方還是投資方，相信參與其中的人都會有個中肯中立的答案。

媒體或記者，是不會浪費時間在沒有新聞價值的事上，要追，就要追那個被劃爲箭靶的對象，但這種敏感時刻，誰也不想踩入那可能會燒到自己的地雷圈中，誰談就可能被稽查、誰敢表態就可能被牽扯其中，這種負面議題，沒有人會想被寫在上面，至於誰會大大方方地想被拉進內容裡，其心可議。所以要挖掘到事實眞相，也沒有那麼容易。

那怎麼辦呢？只好旁敲側擊去引用無關緊要或能敲到邊鼓人的話來引述，反正那是他們講的不是我講的，刊出來眞要有事那也是他們的事。所以這樣的報導內容具有眞實性嗎？有根據嗎？有盡查證義務嗎？有查證事實到當事者嗎？可負擔據實的報導責任嗎？
這對我們常見的媒體而言，可能也不再那麼重要了，網路世代崛起，紙本媒體埋沒，大衆都喜歡也習慣快速又方便的方法來得知資訊，所以數位新聞變成是各家媒體專攻的目標，如何吸引點擊率、曝光度、分享次數跟賺到流量才是重點，至於道德或手段嘛，就再說囉，先上先贏，搶先同業跑出第一時間的焦點才是努力的目標。

所以在這個資訊科技方便的時代有不少的案例是只要你分享的是經過審判後確切不實報導的內容，還會附帶有連坐罰的觸法可能性，因爲經過你在網路上的擴散也協助了受害者在名譽上受到損失。而官方或相關單位也可能因此徒增許多不必要的麻煩，但往往大部分的消費群衆是盲目的，跟隨聳動駭人聽聞的標題起舞，甚至只看標頭沒看內文就瞎起鬨或下定論述與批判，然而有特殊目的的人，也能輕鬆帶起某種風向。也許要引起共忿、也許要造成社會對立、也許要攻擊某個特定目標、也許要針對某種會被關注的事件，總之媒體是個一體兩面的工具，有傳播資訊的自由與義務，但也能成爲隨意散播惡意種子的媒介。

要知道，現代媒體大部分的收入都必須仰賴廣告費，而不動產業就是供給此活水的重要產業之一，畢竟要推案的廣告預算在整個相關消費市場裡而言是爲數不小的金額。於此，對於這個行業的人來說，要請記者或媒體要寫些關於賣方想寫的東西，也不是甚麼難事。對於連帶關係人脈要想寫些爆料新聞，更是輕而易舉，你也可以這樣認爲，所有的房地產賣方無論是建商、代銷、下游廠商，要主動找媒體來掀起一片空戰，比吃飯還簡單，甚至還不用付半毛錢，只要具有刊登跟被討論價值的話，那內容是越血腥越好，越灑狗血記者就越愛。

然而這種媒體歪風，也會讓他們吃上不少官司或糾紛，因爲傷害在一出刊的那刻起就已造成，事後道歉也於事無補，尤其在這訊息被極爲快速傳遞的環境、在這人們容易被引導是非判斷的現在，何來眞正的正義可言呢？

新聞自由的價值不應該是爲所欲爲，更不應該是爲人們的自私自利而濫用，它應該需要被導正，它更應該受到有限度的約束。大衆有知的權利，但沒有要被傳達不實內容的義務，如果我們的國度充斥的都是這種氾濫又低廉的新聞素質，那到底人民所知道的東西究竟是被刻意塑造出來的假象、還是被某些人利用的對象？又或是成爲被一群只爲了要交件而沒有職業道德的記者所玩弄的那一方呢？

本人也在此事件上成爲了那個風向的受害者，然而被有心人士一而再再而三的帶往特定風向，好似想以媒體的力量來壓死一隻小螞蟻，究竟有何深仇大恨要來慫恿相關產業來做選擇性的不公平報導呢？

媒體工作者應要善盡查證任何報導的眞實性，不該引用不實內容的文字來當作整個過程來以偏概全，同時媒體不是主管機關單位更不是檢察官或審判者，更不應該以標籤貼在主題角色上面來引導大衆公評是非善惡，這樣只是助惡爲虐，讓眞正的投機者囂張得逞罷了。

【個人聲明：關於某週刊刊登本人相關不實之報導，內容影射本人無退費等不實論點及本人已言明不接受採訪也不同意上刊任何對話內容。當刊在以未表明對話將出刊等來意做斷章取義之報導及未經當事人同意下私自偸拍，本人再三與其記者強調後當刊還是在未經當事人查證下做出不實內容之行爲，此已涉及誹謗與妨害名譽之嫌，本人亦作出相關之法律行動以正視聽。任何轉載或分享不實報導內容恐將觸法。】

# 『央行信用管制』

｜#時事聊論｜雷聲大雨點小

標題很聳動，央行睽違十年重砲打房，讓許多人開始臆測房市會怎麼走，又會造成甚麼影響，到底第三屋限貸，是否能夠產生房價上的波動又是否可以實現消費買方所預期的降價或拋售呢？

何謂信用管制？就是管控槓桿，限制貸款成數就是要強迫買方不能以少少的代價就能夠輕鬆獲利，其實對於資產擁有者或實力堅強的人來說，這根本不痛不癢，有錢人使用槓桿做投資布局，本來就是一種投報利潤划算度的思維，而非像一般人是貸款成數受限就會買不起房，所以這個政策對於金字塔高層的群衆而言，一點意義都沒有，只不過是多拿出點現金罷了，但對於投資產品上的收益來說完全不會有影響。

這次政策分爲三個方向與目標：

1.公司法人限貸與沒有寬限期：但有使用過公司法人購屋的都會知道，本來成數就不高，也不如自然人貸款簡便單純，除非資產量達一定的程度，否則普遍不會使用公司來買房。

2.自然人第三戶限貸無寬限期：這次限貸成數爲六成，並非史上最高，在103年時就已上路過第三戶限貸五成，在政策的時空背景不同之下，這次所謂的打房比較像演戲，說睽違十年的重砲實在言過其實。

3.購地跟餘屋的貸款限貸成數：這是針對建商，意味著要限制建設公司開發建案時的槓桿成數，同時也限制餘屋時的貸款額度，這對大規模與有錢的建商沒有影響，但會提高中小型公司的投資門檻與難度，對消費大衆來講，應該可以說如此將會過濾掉財務比較吃緊的建商來降低可能性的負面交易糾紛。

自疫情與降息以來，投資熱錢不斷，房市景氣熱度創下20年之峯，買氣走到今天已經不單只有熱絡可形容，甚至到瘋狂的程度。不管是建商、代銷、仲介，無疑是雞犬升天，業績比起往年更好做，推案或賣房也比過去難度更低，拚一點的都能夠在這個年頭創下紀錄，當然這也包含了要賣房子的消費者。如此也讓房價行情幾乎是以每週在做更新調整，欲購屋者的民怨也隨著急速沸騰的狂熱而引起政府與官方的注意，似乎不做點甚麼是不行了。

央行是國庫之首，身覽不少關係到國家利益的投資或經濟行爲，對於他們來說，把房子打死了只會百害無益，甚至干係到系統性的金融風險，但房子不打任由泡沫膨脹也不是好事，所以穩定趨緩漲的結論才是央行所樂見的。因此在這一立場上，那些年年嫌房子很貴月月嫌房價很高的人們，千萬不要把央行當神，也千萬別認爲央行可以爲你實現房價崩跌的期待，那是不可能會發生的。

在近期因政府干涉打房的背景大約如下：民國100-103年的多頭讓許多投資客進場買房，尤以預售屋最爲興盛，在大城市中的推案總量裡，有將近70%以上的建案都會走預售模式進行銷售，換言之在這段時間裡預售市場也吸收了整體七成以上的投資金流。但大樓興建需要時間，到要落實成屋貸款的時間點剛好在103年上下，時屆恰逢推出奢侈稅及房地合一稅，而後跟上的就是央行信用管制，導致這些過度使用槓桿在買預售屋的投資客無法貸款，不管是否要繳重稅，不能交屋就必須要拋售，然而在預售買賣契約都有明文條款假若買方要解約放棄購買，損失金額爲房地總價的15%爲限，所以在那個波段的交屋拋售潮大約降了10%左右的房價。

所以這次所祭出的打房措施，會因此受到影響牽連的人其實相當有限，因爲推出的時間點不對，房市的熱況嚴格來說是今年才開始爆發起來的，這些預售屋要到成屋最少也都要看到111年以後去了，在限貸令發酵作爲以前，每個人都還有大把時間可以將手上的預售屋變現，根本不會產生如同過去有的拋售潮。既然如此，又怎麼可能會影響到房價呢？

從基本面來看，下半年才取得土地的建商，後面的推案不可能會比眼下的建案還便宜，只會更貴，加上原物料上漲的影響，中小規模建商的成本更高，綜歸這兩項，新案再創新高，舊案在手上的投資客，依然還是能形成換約轉手價差，即便再有新的政策來遏止短期交易，也無法完全根絕檯面下的業務行爲。所以目前不管是否要針對投資客來做打擊目標都不是重點，其實政府忽略掉的是，房價的高漲有絕大部分的因素在於成本上，而非炒作，即使市場上的投資客全部消失了，成本依然存在，又怎麼會因此而抑制行情呢？

這場戲，應該是在經濟影響最小的幅度下央行所做出的退讓，發發新聞稿，讓媒體聳動一下，讓百姓民衆有感政府有在做事，有聽到民怨的聲音，然後沒了。

當然信用管制會影響到有在做中古屋投資的族群，不過這以人頭或做價的方式都能夠簡單避免，問題也不會太大，畢竟不是第一次了，有經驗的人自然會有繞道的手法，錢依然還是可以賺，轉賣依然還是有價差跟投報利潤。

【現代人容易遺忘，再怎麼聳動的新聞，過一陣子就會被忽略了。同理，信用管制不會是常態的，可能10個月後，15個月後，20個月後又解禁了，搞不好連交屋潮都還沒到來之前就又都回歸到正常模式。因此以市場第一線的經驗判斷與解讀，這個號稱十年最重的信用管制措施，不僅無法打擊到房價，也無法實際打壓到投資客的收入，當然也更無法因此產生房市行情的波瀾，後市研判沒有意外的話還是一樣推案越推越高價，房子還是一樣人人搶。】

# 『房地合一稅2.0』

| #時事聊論 | 殺招

近來打房新聞與政策方案不斷在更新，也直接證明了政府決意要提升抑制房價的各種手段，實登2.0外現在又多了項房地合一稅2.0，這若確認實施後將會比前者對市場有更巨大的影響力。

從過去來看，民國103年奢侈稅上路後再整併成房地合一稅，當時結合央行信用管制後對房市景氣產生了近三年的谷底冰河期，來客與成交量雙雙跌入比98年金融風暴時還更冷且更長的艱難時刻。直到106年後才慢慢回溫穩定，雖然市場行情沒因此有非常明顯的下跌或盤整，但卻打擊掉了大部分投資客的信心，也讓自住客有更多的選擇性與考慮時間。那段時期來說，無論是建商、代銷、仲介等等賣方都在共體時艱，就連身爲原物料的土地也是乏人問津，整個產業食物鏈都進入營收萎縮期，這所有一切的發生根源都在於適應這所謂的稅制新策：「房地合一稅」。

事實也將證明著，加稅，無法對房價帶來衝擊，但會對市況帶來影響，畢竟現在的人們對不動產的認知已經不再只是拿來居住，有更多的買房動機都是爲了置產與投資上的效益、都是爲了能夠增加收益或被動收入與強化儲蓄效率。所以走至今年以來不得不否認整體市場行情的推升都來自於這樣金流的滾動效應，因此加稅充其量只不過是「政府強迫與你分享從房產上所得來的利益」，卻無法對原物料成本上造成打擊，可當置產投資信心被澆滅了，所帶來的就是交易量的銳減，但荒謬的是房價並不會因爲這樣就有所控制，頂多就是階段性的凍漲罷了。

有相當符合邏輯的一句話是這樣講的：
打房是爲了抵制投資行爲，是爲了自住客與首購族而做的。
那麼如果你是首購與自住，爲何不在打房的時期內買房呢？

因爲你期待的是撿便宜、也因爲你期待的是行情會否因爲政府打房政策而可以有感削減下跌，所以當景氣樂觀時你會認爲房價太高不願意進場，當市況被干預而保守觀望的時候你又會認爲房價沒太多變化不想進場。所以呢：會買的人就是會買，不會買的人怎樣都還是不會買。會買的人不會因爲氛圍冷或熱而不買，不會買的人也不會因爲政府打房就會買。

房地合一稅2.0：
現制：持有1年內出售課獲利價差45%稅額，1-2年課35%，2-10年課20%，10年以上課15%。
財政部版本：持有2年內課45%，2-4年課35%，4-5年課20%。
國發會版本：持有3年內課45%，3-5年內課35%。

其實不管哪一個版本，政府希望的是能夠有效拉長不動產周轉的時間，來藉此降低資產滾動的投資時間效率。現制普遍置產者會選擇持有2年後再來轉賣並以20%的稅基成本爲目標，倘若拉長到4年，則會大幅度影響房產的資金配置計畫，因爲人人都不想分那麼多的利潤給政府，自然都會選擇最低稅額的方式來布局。而國發會的版本則是無視時間周期，就是要課重稅，畢竟房子放2年後出售才差10%稅率的意義其實不大。

看起來財政部的版本會比較符合市況，雖然有不少業者會認爲這些額外增加的稅金到最後也是由買方吸收，只會拉高更高的房屋總價，但這必須要市場機制所決定，當景氣在中線以下的時候，也不太會有人願意去承受那些因稅制而徒增上來的房價空間。

情勢發展預估：
財政部版本會讓置產者將不動產持有年限提升到4年後再賣，雖然減少了金流滾動的循環效率，但卻會讓增值空間有更多的時間來成長，且中古屋最黃金的轉售屋齡剛好在5-8年，此時脫手的獲利投報比是最漂亮的。此版本將會影響整體市場的交易量，無論是建商代銷或仲介都亦同，研判會進入一段周期的盤整，這時期的自住客會有很多的購屋選擇性，考慮的時間也會較爲充足，因爲沒有投資客來跟你搶房子，但房價卻不會有太多修正的空間。

國發會版本則沒有持有時間上的差別，講白的就是房產轉手獲利45%都給政府，這其實會變本加厲讓買房量大增，因爲利潤空間縮水，沒有要長期閒置的誘因與動機，只好薄利多銷。也不需要爲了那10%的稅額多放3年，乾脆一交屋只要有價差就賣掉，多買多賣還是可以補回那損失的稅額成本，所以對現況的置產投資客而言，也許這更可以讓不動產財務金流更活化。於此市場交易量增加不減的狀況下，房價只會上不會下。

奢侈稅也好、房地合一稅也罷，還是爭議不斷的囤房稅，其實稅制很難去改變台灣不動產的特質與文化。任何想要在這地方增加的稅率，不過都是在多剝削老百姓一層皮。房價是有所平衡分配的，假例一間房1000萬，這其中有分給地主的、交易服務費的、建商的、營造相關的、銷售費用或人事開銷的、當然還有這其中的各種稅金，所以任何一項費用的增加，都是從房價加上去的，殺頭的生意有人做、賠錢的生意是不會有人做的。這也是許多消費者無法突破的迷思，因爲買方期待房價要下跌就意味著這中間種種的某單位要損失利益要吃虧，如今又要增加稅額上的負擔，這怎麼可能會對「價錢」上有打擊抵制的影響呢？與其說是打房，不如講直白點是政府要分杯羹，拉個名目過個水，稅收就有所大增何樂而不爲呢？

【加稅可以有效抑制投資客的購屋動機這是肯定的，更能夠打消投機客的槓桿意圖這也是確立的，但不動產的本質就是長期增值，若以稅制政策將其導正在房地產的特質上，其實對整體市場來說是健康的。可爲何加稅卻無法實現居住正義呢？難道這份稅收可以限制住土地不漲價嗎？能夠限制住原物料或人工成本不上漲嗎？說穿了不過就是在房價上撒鹽罷了，想要以此來滿足自住客或首購族的美夢，是難上加難的不可能。】

# 『買股還買房』

｜#時事聊論｜淘金世代

近期最火熱的議題除了屢屢創歷史新高的台股與護國神山台積電外，再者就是不斷飆高的房價，在人人都想賺錢全民都想投資的時代，大家都會有個想法與問題是：現在進場買股票好呢？還是進場買房子？

依照多數有經驗的前輩來說，普遍認知台灣最適合的長期投資項目也是這兩者。但很多人對股市的獲利認知都覺得要快進快出做短線、賺快錢，所以玩股票的人，時常會緊盯著相關指數來確認自己的盈虧。可若是如此，嚴格來講這就不叫投資了，反而比較偏向投機或賭盤，所以這些長期能保有收益的人，是不會用這種方式與心態在買股，因爲投資最重要的核心關鍵在於低風險與高勝率，只要時間能夠實現這樣的目標，那就是一個好的投資選擇。

環境所創造的景氣熱潮，都很容易讓散戶或不甚了解的人受到氛圍影響而貿然進場，在股票的世界中，大部分的人都是輸家，眞正的贏家在比例上是非常稀少的，所以該如何從中確保長期獲利，最佳解答就是「存」。投資目標能有多少成長空間或可以創高多少股價都不是重點，而是可以長期生存且幾乎不會受到環境太多影響的公司才是最好的放錢標的，這道理跟置產一樣，用股息複利的概念來達到錢生錢的效果。

如果把股票當作不動產來買，那失敗率就不會高，你也不用每天盯盤，更不用因爲指數或股價的上上下下影響了心情或作息。房子也是，投資最忌諱的就是只想要在短期內分勝負，這樣即使賺了錢，也是運氣，不是眞理。

現在因全球低利與無限度的量化寬鬆，讓通膨持續惡化，股市被熱錢衝高，所以在這麼短的時間內，股票無法達到複利的結果，頂多就是幾個月內隨著不斷在膨脹的股價因此有筆小價差而得惠，但這種錢也不過就是賺這一次，除非你還想要再繼續追高，除非你有絕對性的把握後市必定會再創新高價，不然這筆投資，虧蝕機率會相當高。

尤其在股市中使用槓桿上的運作，風險就會更大，倘若把籌碼放在期貨或選擇權，穩贏的機率可謂相當渺茫。但若在房市中使用合理的槓桿，反而是對自己有利，再者看看近期一直在飆漲的原物料與土地成本，房子只會越來越貴，假設你懂得以此來借力使力，將自己的儲蓄或資本壓在基礎價格都在往上走的不動產上，你的勝率絕對比進場股市高上數倍，再將時間周期拉長來比較，進場房地產的贏面肯定是百分百的。

買股還買房，不應該在熱絡的時候才思考這個問題。因爲股市存在太多的賭性，一般人沒有十足的耐心與資金的時候，正常情況下很難在金融市場裡維持正數收益。房子就不同了，它是民生必需品，也有其成本與房貸餘額在支撐售價跟行情，它也沒法輕易的被人爲操作，而歷史也見證了不動產在時間的總結之後持有者永遠都是贏家。

所以不管環境是冷是熱是溫，除非你有不少的現金、除非你有長期不會動用這些錢的計畫、除非你有耐性，否則別太隨意進股市。不如將這些籌碼全都投入在房產上，因爲無論景氣或房價行情的高低，買房子增值所需具備的基本特性就是要時間、低利房貸、合理槓桿，這也才是「投資」眞正的意義。

如果你現金不多，不要買股。
如果你要玩槓桿，不要買股。
如果你要走短線，不要買股。
如果你沒有耐心，不要買股。
如果你是要投機，不要買股。

如果你想要存錢，沒有比房子更有效率的選擇。
如果你是要置產，沒有比房子更有勝率的工具。
如果你想要投資，沒有比房子更具穩定的方式。
如果你要抗通膨，沒有比房子更具保值的產品。

股市大熱，再追高下去，沒有意義。漲了也不過就是賺一波，要再期待更多的泡沫空間，得要未來去證實，但若是反向的結果，你就是被洗盤出場的那個人，如此這怎麼會是有效投資呢？難道你可以預知後面的走勢帶著必勝的把握嗎？如果不行，就選擇簡單普遍又平凡大衆化的工具就行了，經濟發展以來，剛性需求的商品永遠都不會消失在市場上，所以將資金放在這上面是不會吃虧的。

在股市上賠過錢的人與在房子上吃過虧的人，這兩者之間的比例應該是隨便一個路人都知道的結論。反之在股票上賺過錢的人與在房子上獲過利的人，後者的數量必定大過於前者。既然有跡可循、有軌可依，爲何還要再走入到一個高風險的局裡呢？除非你可以把股票當成房子來買、除非你能把它當長期置產，否則就不要輕易嘗試。

因投股而失利的人滿街都是。
因買房而蝕虧的人少之又少。
因入股市長期獲利的人不多。
因購屋而賺過錢的人卻很多。

【買房，大部分的風險承擔者都在銀行身上，最少在持有的幾年內，你所占比的房價支出都在五成以下，房市要是崩盤，最先衝擊到的就是這些房貸呆帳。所以爲何不動產在台灣總是長期上漲，因爲可以支撐它的原因及理由太多了，比起股市那樣的空泛，更能讓資產持有者安心。買股還買房，不管在甚麼時間點在甚麼價位行情在甚麼環境下，如果非要二選一的話，勝利者會告訴你他們永遠都會選後者。】

# 『央行信用管制』

| #時事聊論 | 雷聲大雨點小

標題很聳動，央行睽違十年重砲打房，讓許多人開始臆測房市會怎麼走，又會造成甚麼影響，到底第三屋限貸，是否能夠產生房價上的波動又是否可以實現消費買方所預期的降價或拋售呢？

何謂信用管制？就是管控槓桿，限制貸款成數就是要強迫買方不能以少少的代價就能夠輕鬆獲利，其實對於資產擁有者或實力堅強的人來說，這根本不痛不癢，有錢人使用槓桿做投資布局，本來就是一種投報利潤划算度的思維，而非像一般人是貸款成數受限就會買不起房，所以這個政策對於金字塔高層的群衆而言，一點意義都沒有，只不過是多拿出點現金罷了，但對於投資產品上的收益來說完全不會有影響。

這次政策分爲三個方向與目標：

1.公司法人限貸與沒有寬限期：但有使用過公司法人購屋的都會知道，本來成數就不高，也不如自然人貸款簡便單純，除非資產量達一定的程度，否則普遍不會使用公司來買房。

2.自然人第三戶限貸無寬限期：這次限貸成數爲六成，並非史上最高，在103年時就已上路過第三戶限貸五成，在政策的時空背景不同之下，這次所謂的打房比較像演戲，說睽違十年的重砲實在言過其實。

3.購地跟餘屋的貸款限貸成數：這是針對建商，意味著要限制建設公司開發建案時的槓桿成數，同時也限制餘屋時的貸款額度，這對大規模與有錢的建商沒有影響，但會提高中小型公司的投資門檻與難度，對消費大衆來講，應該可以說如此將會過濾掉財務比較吃緊的建商來降低可能性的負面交易糾紛。

自疫情與降息以來，投資熱錢不斷，房市景氣熱度創下20年之?，買氣走到今天已經不單只有熱絡可形容，甚至到瘋狂的程度。不管是建商、代銷、仲介，無疑是雞犬升天，業績比起往年更好做，推案或賣房也比過去難度更低，拚一點的都能夠在這個年頭創下紀錄，當然這也包含了要賣房子的消費者。如此也讓房價行情幾乎是以每週在做更新調整，欲購屋者的民怨也隨著急速沸騰的狂熱而引起政府與官方的注意，似乎不做點甚麼是不行了。

央行是國庫之首，身覽不少關係到國家利益的投資或經濟行爲，對於他們來說，把房子打死了只會百害無益，甚至干係到系統性的金融風險，但房子不打任由泡沫膨脹也不是好事，所以穩定趨緩漲的結論才是央行所樂見的。因此在這一立場上，那些年年嫌房子很貴月月嫌房價很高的人們，千萬不要把央行當神，也千萬別認爲央行可以爲你實現房價崩跌的期待，那是不可能會發生的。

在近期因政府干涉打房的背景大約如下：民國100-103年的多頭讓許多投資客進場買房，尤以預售屋最爲興盛，在大城市中的推案總量裡，有將近70%以上的建案都會走預售模式進行銷售，換言之在這段時間裡預售市場也吸收了整體七成以上的投資金流。但大樓興建需要時間，到要落實成屋貸款的時間點剛好在103年上下，時屆恰逢推出奢侈稅及房地合一稅，而後跟上的就是央行信用管制，導致這些過度使用槓桿在買預售屋的投資客無法貸款，不管是否要繳重稅，不能交屋就必須要拋售，然而在預售買賣契約都有明文條款假若買方要解約放棄購買，損失金額爲房地總價的15%爲限，所以在那個波段的交屋拋售潮大約降了10%左右的房價。

所以這次所祭出的打房措施，會因此受到影響牽連的人其實相當有限，因爲推出的時間點不對，房市的熱況嚴格來說是今年才開始爆發起來的，這些預售屋要到成屋最少也都要看到111年以後去了，在限貸令發酵作爲以前，每個人都還有大把時間可以將手上的預售屋變現，根本不會產生如同過去有的拋售潮。既然如此，又怎麼可能會影響到房價呢？

從基本面來看，下半年才取得土地的建商，後面的推案不可能會比眼下的建案還便宜，只會更貴，加上原物料上漲的影響，中小規模建商的成本更高，綜歸這兩項，新案再創新高，舊案在手上的投資客，依然還是能形成換約轉手價差，即便再有新的政策來遏止短期交易，也無法完全根絕檯面下的業務行爲。所以目前不管是否要針對投資客來做打擊目標都不是重點，其實政府忽略掉的是，房價的高漲有絕大部分的因素在於成本上，而非炒作，即使市場上的投資客全部消失了，成本依然存在，又怎麼會因此而抑制行情呢？

這場戲，應該是在經濟影響最小的幅度下央行所做出的退讓，發發新聞稿，讓媒體聳動一下，讓百姓民衆有感政府有在做事，有聽到民怨的聲音，然後沒了。

當然信用管制會影響到有在做中古屋投資的族群，不過這以人頭或做價的方式都能夠簡單避免，問題也不會太大，畢竟不是第一次了，有經驗的人自然會有繞道的手法，錢依然還是可以賺，轉賣依然還是有價差跟投報利潤。

【現代人容易遺忘，再怎麼聳動的新聞，過一陣子就會被忽略了。同理，信用管制不會是常態的，可能10個月後，15個月後，20個月後又解禁了，搞不好連交屋潮都還沒到來之前就又都回歸到正常模式。因此以市場第一線的經驗判斷與解讀，這個號稱十年最重的信用管制措施，不僅無法打擊到房價，也無法實際打壓到投資客的收入，當然也更無法因此產生房市行情的波瀾，後市研判沒有意外的話還是一樣推案越推越高價，房子還是一樣人人搶。】

# 『實登2.0的影響』

｜ #時事聊論 ｜ 效率不足

新聞稿所發布之實登2.0皆爲「草案」，要實踐還必須透過三讀程序，執行日都會在隔年的1/1號正式實施，所以這次所擬定的目標，要在110年上路是不可能的了，最快也得要在111年才能看到，因此在近年是不會對市場有任何的影響與發酵。

但針對修法最關鍵的也比較受大衆矚目的在於預售屋的實價登錄，其實這個方向在最早實登上路時買方最希望的就是能夠連帶預售屋都能夠徹底實現透明的成交資訊，可賣方普遍反對與抗議，以至於延宕了將近十年才又因爲景氣熱度而被再次提起。

爲何賣方要反對呢？
在業務的立場上，普遍消費者都愛殺價又或是對於無法議價的房子實在很難買得下去。再來就是從價錢的策略與談判之中，可以提高更爲理想的成交率，換言之這是一個很矛盾的過程，買方希望可以看到任何人的成交價錢，但卻想買得比別人便宜，買方希望別人買的都是不二價，但卻不希望自己買的是不二價。所以預售實登，是對賣方不利的，且在當時的市場成熟度其實要實現全面的不二價機制也相當困難，並非是賣方堅決的反對，而是這消費者的期待但消費者卻不想要發生在自己身上。

當然另外不支持的理由也在於賣方如果能夠多賺取溢價的話，都算是預期外的收入，在時機熱絡房子好賣的時間點裡，建案邊賣邊漲價是很正常的狀況，而這些額外漲起來的空間都算是溢價。但如果全面透明化的話，就等於開誠布公建商漲了多少，多賺了多少，調價機制或手法也都全暴露出去了，在不動產商業往來的世界中沒有人會想這樣被脫的一絲不掛同時也會增加行銷的困難度。

如果官方能夠強制性、統一性、並且有絕對性地讓市場對實登有百分百的信任度，或完全讓其資訊是無法被造假或走漏洞的話，那才能實踐這政策的意義。也才能夠讓所有的買賣方信服，但政府能不能夠做到這種程度，這又是另外一個問題了，否則又只是突然多一個民粹又困擾的決策罷了。

意思是，現今的實登，買方不認同的數字就會說那是假的，買方認同的數字卻不會去想那是否爲眞實的資訊，這又有何意義呢？如果這種原本出於良善的工具到最後只是淪爲被質疑與讓交易過程增加無謂的解釋，豈不無聊？

這點若可以克服的話，才能延伸下去思考這會對房市有何影響。預售屋交易資訊的透明，只是讓其最終決定全台所有的賣方都將走入不二價的銷售模式。再也沒有談價錢的過程，也不用再有議價的必要，反正手機滑一滑你都能看到這個建案哪間賣掉了，哪戶賣多少錢，哪些車位還有，哪些棟別樓層的價差是多少，完完全全的一覽無遺，剩下的，只有你要或不要跟買與不買的差別而已。

且中古屋與成屋的實登是限期兩個月內揭露，可預售屋是一個月內，這個時間越短其實對銷售操作的彈性就越低，沒有太多緩衝的空間來塑造銷量氛圍，倘若再把這時限降得更低，那麼資訊貼近市場第一線的眞實度就越高。這時候買方就要有既定的認知，你也不太需要甚麼論壇網友的資訊支援，你也不用再組織或加入甚麼已購群組，如果景氣很好的時候，你的購買壓力只會越大，因爲有太多人去買你不看好或你不認同或不喜歡的建商或建案，也會有更多人去買你無法接受的價錢，到最後你不點頭承認這現實都不行了。相對景氣不好的時候任何人都能清楚知曉賣方的銷量與價格，有沒有進行甚麼優惠或售價上的調整也都可以無所遁形。

究竟市場徹底的透明化是好是壞，沒人可以說得準。但可以清楚且必定知道的一個結論就是，交易糾紛並不會因此減少，利益上的人性往來也不會因此就可以消滅掉，當賣房子成了如同販賣機這麼自動化的時候，帶來的只有更多失衡的金流罷了。

因爲買方再也不需要受到業務的影響跟引導，因爲廣告行銷方式的改變讓周邊廠商的生存空間更加艱難，因爲過於透明的價格導致無論甚麼品牌甚麼等級只要地段意義相同價格全部同一水平，也就是變相的賣方自動壟斷且主宰市場行情。因爲再也不需要市場研展部門也不需要再做這方面的研究，同時地主也因此更能掌握自己的土地要賣到甚麼更高的價格。

你以爲這樣房價會掉嗎？不會，老實說會更貴。

當建商不需要代銷、業務、廣告、協力廠商，你以爲他們會因此下調售價比例嗎？不會，因爲建設公司不是慈善事業。

當買方清清楚楚了解市場上所有的一切，你以爲你就會因此買下去嗎？不一定，因爲會買的就是會買，不會買的怎麼樣都是藉口一堆。

當實價登錄可以執行到非常完美的時候，很多不動產相關行業會大幅度的失業，如同自動化生產就不再需要工人與勞力是一樣的意思。

但如果不動產這麼傳統的產業失去了第一線的存在，那麼對整體業績與賣方的壓力來說並不會是件好事，賣得好與不好就只能交給自然去化率了。爲甚麼呢？因爲透明的實登將會是糾察廣告的證據與工具，此時不斷受到限制的廣告內容也將會變得大同小異且成爲了單調的行銷循環。業務也不太需要有彼此能力與技巧上的競爭只要會介紹房子就可以了，甚至任何大學生都可以輕鬆勝任跟取代於此。建商也不用再想著爲了快速完銷來花費大筆預算，當作一種隨著景氣的被動收入就行了。

你可以接受全面不二價嗎？

你能完全信任實登資訊嗎？

爲何預售實登後就一定得要是不二價呢？因爲賣你貴也不是賣你便宜更不是，你看得到別人的、別人也看得到你的，如果不用統一公定公開的售價，如何「實價登錄」呢？

隔壁某A建案看得到B建案的實登，臨地B建案賣多少錢賣得好不好某A建案也一清二楚，請問AB兩個建案你覺得會有哪個傻子要賣得比對方便宜呢？還是兩個會透過實登然後將售價平均差不多起來賣呢？A建案漲價難道B建案不會跟進嗎？假設這發生在同一個地段區域上，請問這些同時期的個案會不會集體一同定價呢？賣方壟斷再也不需要商量，看實登就好。

【有實登2.0，那以後有沒有2.5？3.0呢？照房市發展的情況來看，這是遲早會發生的事。究竟該如何實現居住正義，以台灣不動產的環境跟文化及特性來說，這比登天還難。的確過去實登的執行確實打擊過濾掉許多專門在賺取資訊不對等財富的人，但並沒有對房市產生實質的衝擊過。所以預售實登2.0，要能夠對某些在專做短期買賣的投資客造成傷害，恐怕也是雷大雨小，頂多就是避免消費者可能會買得比鄰居還貴而已。但對市場的長期走向而言，其實透明化這件事對買方真的沒有比較特別有利，反之你更應該沒有拒絕買房的藉口與逃避的理由。】

伍

# 買賣觀念

買方

『買房需要傻勁』

『買房，煩惱』

『賣方何意』

『棟距』

『何謂吃虧』

『回頭看房價』

『買房的人生藝術』

賣方

『抗性的自我修養』

『最現實的是誰』

# 『買房需要傻勁』

｜#買方觀念｜多疑則遲

買房，對大多數人而言，必定人生三大事之一，當然也因其消費金額龐大，所以一生僅能購得一戶的人，也絕非少數。因此在決定之前，收集情報、貨比三家、多研功課、詢左問右、上網爬文，無非都是希望能得到完善安心的回應與內容跟不想做錯了選擇買錯了對象。

其實買房子，真的不需要想太多，很多時候反而傻傻地買，也就這麼傻傻地占到了便宜，到頭來也還是不知道爲什麼。想想也是，數十年前，交易與個案資訊這麼的不透明，更沒甚麼網路論壇，哪一個人買房靠的不就是一股傻勁嗎？哪有那麼多複雜多元的周邊參雜因素來影響自己的判斷。

每個人在需求上、預算上、家庭上、慾望上、理想上、成長背景上、工作職業上、人生階段上、都有大大的不同，於此當然大家對自己所喜愛、能接受與可認同的產品自然相差甚異。你喜歡的，不代表別人所愛，別人所愛的，不見得是你所想要的。既然如此，去問其他人的意見，實屬多此一舉。

如果房子是自己出資的，爲何要問家人呢？
如果房子是自己要住的，爲何要問親友呢？
如果房子是自己要投資，爲何要問路人呢？

問了他人的意見，又不採納認同，那對方怎麼想？
遵了他人的建議，房子跌價吃虧，那對方會賠嗎？
照了他人的意思，房子因此賺到，你會分對方嗎？

人多必定嘴雜，既然是自己的需求行爲，那還是靠自己的意思吧。
在你決定中午吃甚麼前，會問別人嗎？
在你決定交往另一半前，會問別人嗎？
在你決定要嫁娶婚姻前，會問別人嗎？
在你決定要育兒生子前，會問別人嗎？

如果都不會，那爲何買房子卻要洽詢無關之人的意見跟想法呢？
另外一個反向的問題與假設，也值得省思。
假若上述種種的一切，都被親友家人所反對之時，你會遵從嗎？你會因爲那些不符合自己所想要與所喜歡的他人建議，來改變自己的決定嗎？如果都不會，那爲何要因別人來改變自己對購屋上的需求或喜愛呢？

爲何需要傻，因爲保持單純，買房子本也就該如此，你可以忽略賣方或業務的話術之談，但卻不能忽略掉購屋的本質。只要自己喜歡、家人也愛，那又有何不可呢？

對於消費者立場，思維技巧應該如下：
自住非投資，自住不用去想投資考量。
投資非自住，投資更不需以自住看待。
算好預算值，選擇能夠負擔的單總價。
認清楚需求，自己需要的條件很重要。
有沒有喜歡，喜愛非任何意見可取代。
比較要有理，不同類型的產品不可比。
便宜沒好貨，低價的建案必定有缺陷。
下手不囉嗦，三心兩意沒有任何好處。
功課要做足，與其嘴巴問不如起而行。

在市場與第一線的長久經驗之中：
房子買賣越多的人，決定速度越快。
缺乏購屋經驗的人，考慮時間越長。
越是無法自行決定，越難買到最好。
問東問西問家問友，都難買得安心。
想得越多疑得越廣，對自己都不利。
看得越多比得越廣，就難下定決心。

有時候踢動消費者的最後一腳，也就是將購買動機跟慾望推升到最高值的，普遍有三項因素。要則價格優惠上的刺激、要則產品優勢跟市場熱度、最後則是業務銷售人員的努力跟技巧。但卻沒有半項是跟外界因素有關的，所以往往賣方最辛苦的並非是在買方本身身上，而是在於跟買方周遭的閒言閒語在拉鋸拔河。在正確的觀念與錯誤的引導上做攻防，在心理戰上面做進退，且越是首購型，越是低單低總價的建案跟產品，這個現象就越是常態。

也因爲這樣，常常在賣方現場也會有不少業務的討論耳語，訴說著哪些客戶被父母的意見拖累、被很瞎的觀念給誤導、被朋友同事的建議給害到了。其實總歸結論，也不過就是把簡單的購屋行爲想得太過於複雜跟有著一大堆無意義也無關緊要的考量，進而損失掉自己最喜愛的建案樓層或戶別甚至是價錢的機會，且越是熱頭上的景氣環境，這份悶虧就越重越大。充其量也不過就是親友的那一句：「你不聽我的那還問我幹嘛？」

【在竹北從業的十多年來，當時三房不過僅五六百萬的總價，不少外地首購的年輕人怕自己作主得罪了父母，因此多數都是希望家人能看過以後再決定。然而重劃區的發展之初，空空如也甚麼都沒有，長輩看不到未來，只是勸戒孩子不需要買在這種地方。殊不知幾年後過去再請父母來到家裡時，得知了房價行情又看到了區域環境成長的速度，卻改口說了：「孩子，你眼光眞好。」一句簡單的詞，諷刺了前後有無決定的未來之差。所以買房子，交給一股傻勁就行了，只要滿符合自己的預算、需求，其實下決定也不過只是簽個名罷了。】

# 『買房，煩惱』

｜#買方觀念｜該不該買房

許多買方尤其自住用者時常會遇到的瓶頸問題，就是眼下該不該買房。明明有著需求，卻會因爲時下的環境氛圍而困擾著自己的決定跟選擇，深怕後悔，也深怕看得不夠透徹，也深怕錯入了的進場時機點。

景氣好，怕得是買在最高點。
景氣差，怕得是沒買在低點。

每個時間點，每個時空景氣背景之下，不動產都有不一樣的市場特性與房市行情，人們只能被迫順應環境來做一個有利於或可以滿足自己慾望的決定，但畢竟我們都是人，不是神，沒有辦法去精準預測未來會發生甚麼事，但唯一可以了解的，是在於對於房子上面的需要。

講得明白些，購屋本身就是一種剛性需求，是我們生活上的必需品，如同人不能不進食不吃飯同理，既然如此，你曾幾何時會考慮今天的飲食消費會在高點？還是沒在低點呢？只不過因爲買房的金額很大，因此也導致很多人容易陷於迷思的漩渦之中。

先來理解台灣不動產的特性，首先房子是資產，你購屋所用的任何款項並非爲消費，而是投入資金轉換價值，也因其有銀行單位的鑑價擔保與貸款，所以具有高度保值的特點，於此買房也被許多人解讀爲存錢，而歷史事實也可證是如此。再者是超長期的置產來說房地產是穩漲不跌、穩賺不賠，無論中間歷經各種衝擊崩盤還是大多頭熱潮，都無法改變這樣鐵錚錚的結論。

當你正在沉思在今年會否買在最高點時，可以思考一下既然是自住使用就代表還不一定可確切把握到底何時會需要賣掉這間房子，既然這中間的居住時段沒有買賣，那行情是漲是跌，又與你何關呢？反之當你沉思在今年是否買在最低點時，也同理。

然而這過程也證明了消費人性，因爲在房價下修時，人人都懼怕買房，正常人是不會有信心的，更別說要有在低點進場的勇氣，誰知道現在買了過幾個月會不會跌更兇。所以大家都會講，自己好似生不逢時在今年這樣房價飆漲的時代，其實應該要這樣反思，如果今天有購屋需求的你剛好正落在行情不穩買氣低落的時空下，你敢買嗎？你會輕易決定嗎？你會力排周遭的反對聲音堅持要圓夢嗎？

人害怕買在高點的這種心態是屬於市場正常的反應，因爲每個人都對於居高不下甚至還不斷創新高的房價感到疑惑，各個房產從業人員也會一直告訴你再不買會更貴，再不買會更買不起。這也許會發生，也許不會發生，但這不重要，重要的在於你是會以行動來滿足自己需求的人，還是只會一直在浪費時間的那種人。

針對購屋，很多首購族會有錯誤的觀念叫做：不買就不會有傷害。
如果你正這樣想，那請問爲何要到處看屋？又爲何要一直關注相關訊息？又爲何要爬文看看論壇跟大家在講甚麼呢？這豈不矛盾嗎？

如果你沒要吃飯，進去餐廳幹嘛呢？
如果你沒要洗澡，進去浴室幹嘛呢？
如果你沒要方便，進去廁所幹嘛呢？

有需求，就該立即尋得一個適合自己同時也很喜歡的目標趕緊下手決定，不管在甚麼時空環境下，都不該去想太多，也不該去思考那些跟住沒有關係的事情上。買房子，本來就是在跟時間賽跑，也一直都是如此，誰能持有的週期越長，誰的勝率就越高，不管是過去曾經受天災影響的腰斬房市，還是不斷在降息的炒房熱潮都一樣。越是自用考量，就該越快買好房子，這是最不會讓自己吃虧也是最正確的做法。

該不該買房，是每個人遲早要面對的問題。
現在買不買，是很多人都會有猶豫的問題。
買了會跌嗎，是許多人都會多想到的問

題。

買了會漲嗎，是更多人都會疑惑到的問題。

看個大方向吧：

那些因為不動產致富的人，不會去想你想的問題。

那些把錢放在房地產的人，不會去問你問的問題。

那些長期不斷在買房的人，不會去有多餘的問題。

那些有豐富購屋經驗的人，不會有你擔心的問題。

為什麼呢？因為他們足夠了解不動產，因為他們歷經了太多，因為他們深知置產的結論，因為他們知道購屋的意義。

自住，今年買、明年跌，若干年後還是會漲超過原取得價。今年跌，明年再跌，你沒有進場的話也始終沒有屬於自己的房子。既然總結的答案是肯定的，那為何要有那些會干預自己決定的想法出現呢？又為何要有那些會阻擾累積自己資產的心聲出來呢？

【對自用者而言，甚麼時候買都不嫌晚，怕的是拖，怕的是害怕下決定，怕的是你永遠都不願意相信不動產。但說到底，無論這購屋之後的得惠也好、損失也罷，都是自己的事，跟任何人都沒有關係。換句話說，要將買房的這份需求拖著，而後導致可能會讓自己在有無形上的變相吃虧，那也是你自己的事，但如果你夠了解理解不動產的話，如果你懂得跟在巨人屁股後面走的話，相信你會很乾脆的買下現在正在考慮的目標，謹記，買房子這件事本身並無害同時也是人類天經地義的基礎生活需要。】

# 『賣方何意』

｜#買方觀念｜買賣立場大不同

消費者與市場普遍認為的賣方，指的不是建商就是代銷，但其實只要有意要將不動產出售的所有立場，都算是賣方。換言之，今天你買了房子住了若干年要把它賣掉，這時候你與買方的角色就會是對立的。除非你一輩子就只打算持有這一屋，除非你想著一次到位也從不計畫換屋，除非你現在住的這間屋子永遠都沒有要脫手的想法，否則每一個今天的買方，遲早也會成為明天的賣方。

買賣本身就存在著人性原則，賣者想賣高價或天價或更高價，不管是建商、地主或持有者，都不可能會有那種例外叫做讓利給對方，有錢不賺是傻子，有錢你不賺也會被別人賺。今天有A行情你賣B價錢，難保買方或仲介不會把你吃下來在轉賺一手，尤以在景氣好的時間點，這種事就越容易發生，然而現代的資訊發達也將消費者變得很精明，當買賣雙方都理解了行情與業務手段之時，坐地起價的新聞也就不再讓人吃驚了。

消費者往往都會將高不可攀的房價怪罪到建商上面，好似因為賣方們的貪心與獅子大開口，導致行情急速飆漲，但有兩個市場事實應該客觀以待：

1.建商購地時為買方，土地是不動產最主要的原物料，身為賣方立場的地主端，也因整個環境的氛圍不斷將地價拉高，建設公司為求生存與永續經營不得不買地，也只好被迫吸收與屈服那自己不得不配合的土地行情。

2.建商在預售推案時被大量投資客物色且認定還有利可圖，無論那是否被低估的原訂建案價格，但投客卻還能在短期換約交易轉賣賺一手價差，既然如此，為何不乾脆把那段空間囊括到自己口袋裡呢？既然買方能夠買空再賣空，那不如直接讓房價跳空上漲。

市場永遠都是環環相扣著的，不是任一賣方能夠掌控，也不是任一買方可以預知，這樣的機制所造就出來的事實，很多時候只不過是一個願打一個願挨罷了，但承上述，這個行情是又誰定義的呢？
身爲買方的建商，當他創下土地新高買價時，基礎房價已定。
身爲買方的投客，當他認同還有空間可賺時，地板行情已定。
要買房的自住客，當他依然買單任何價錢時，大局走勢已定。

如果新建案的交易行情是A，如果短期交易行情是B，當A與B同時居高不下時，身爲要轉賣換屋時的你，又怎麼可能會以低於AB的價格來出售呢？那麼請問這時你還會再抱怨責怪房價通通都是賣方惹的禍嗎？你還會認爲房價都是賣方炒得嗎？

人性很恐怖，時常會讓人們忘記了自己是誰，利益與誘因的驅使下，錢先賺到了再說，錢先落袋了再說。所以別再自命清高了，今天你的憤怒與埋怨是可以被理解的，但那是因爲你沒有換位思考也沒有站在天秤中心點來看待市場才會有的反應。假若你是地主、建商、又或是要把自己家賣掉的路人甲，你會打七折八折給你的買方嗎？當一堆人要搶購你所要出售的物件之時，你能確保自己不會立即加價嗎？

相反地，景氣不好時，這種現象就完全倒轉過來了，所以市場處在不同的經濟背景下就會有著極端不一的買賣狀況。一屋難買則價高，一屋難賣則價平，對仲介而言，在前者賣方市場時開發工作就顯得困難，在後者買方市場時則是銷售難度高。在前者的買方普遍買不到實登價，而賣方屢屢都想要創新高的成交價，後者買方都可以買到實登價，因爲賣方只要能在行情內就會脫手。沒有賣不掉的房子，只有賣不掉的價錢，而這所謂的價錢是在買方的認同度上，而這認同度，卻受到環境氛圍有非常巨大的差異性。

倘若你對眼前欲購的房價有質疑，可以試著這樣想，假設今天你是賣方的話，你會賣多少錢呢？如果你是建商，你會訂甚麼樣的價格呢？如果你發現一堆人都跟你一樣勢在必得，都想提前卡位，那麼你會想以行情價出售還是會想挑戰突破行情價呢？

這個自問自答的結論，也許可以幫助到你在購屋最後階段上的議價過程順利，當你有著必然無法接受的價錢，而也有足夠信心判斷這樣的售價不會有人買單時，那就是個沒意義且可以無視的標的。但若你沒有這樣把握的話，那就得換個思考方向是：如果你買到後是否還會有人願意加價跟你買這房子，以及如果你沒買到後是否還能以相同價錢取得類似條件的房子。前者是代表市場籌碼在於你手上有無房子還不在售價上，後者是代表你手上沒有籌碼時你要付出額外的代價來買相同的東西。

購屋得理智、客觀、中肯，切勿先入爲主、自以爲是、與過度主觀，多做功課是必然的，多看多問多了解也是必須要做的。如果你討厭投資客，那麼你最好要做比他們更多的相關研究，才會了解的比他們更多，但如果你都只是用嘴巴與心情在鍵盤上敲打，那對事情與市場不會有任何的幫助，更是浪費你自己的時間，糟糕的是還有很大的可能性是會拖累你與阻礙你對房子的決定跟選擇。

【買房者難以可以深入賣方售價之理，只會關注在自己可否買得更便宜，但卻不得而知價錢的由來爲何。賣房者也難以求得買方能夠認同成本之道，畢竟消費者是外行的，畢竟大部分消費者所在意的也都只在價格上。兩者相接觸後的結論是怎樣都無法站在同一天秤上的，交易買賣立場的不同也會產生各自堅持的思維與目的，賣方要的是價錢能賣多高就賣多高，買方要的是價錢能買多低就買多低，一個要高，一個要低，又怎能會有共識呢？賣方怕房子賣得太便宜讓買方賺到，買方怕房子買得太貴讓賣方賺太多，所以如果買方太過在乎這一切，其實是很難可以買到自己喜歡的標的，於此我總是這樣回應任何關於殺價議價上的問題：只要你充分了解市場行情與市況，只要你對建案有正確判斷上的合理行情，只要自己的預算能夠負擔接受，剩下的只有買與不買二選一罷了，其他的像是要打幾折與價錢要談到多少才能

下手等等類似的疑慮，真的不值一提。】

# 『棟距』

| #買方觀念 | 房之優劣所在

很多人看屋買屋，所決定的條件跟理由都不同，青菜蘿蔔各有所好，每個人的認知也不一樣。有人只在乎地段，有人只在乎品牌，有人只看建材，有人只看採光通風，有人只看方位朝向，但其實甚麼才是宜居的房子，主要還是在於棟距，生活品質基礎也在於棟距，其次才是個人所要之需求。

棟距是個專業術語跟名詞，代表著建築物相者間的距離，爲何棟距越大表示房子條件越優呢？因爲沒受到遮蔽影響，自然採光通風就會好，自然隱私景觀就會佳，自然住起來的感覺就會舒適，當然建商在定義水平與樓層價差的時候，也會用棟距來做設定。

不少消費者會忽略棟距帶來的意義，也不太清楚到底多少棟距才是好的，在看屋尤其預售屋之時也都會被賣方與業務引導說服，但在城市之中且是越熱鬧越商業區密度越高的地方，平均棟距就會越短。所以往往機能好的地方其帶來的居住品質就會成反比的下降，而這時棟距的差異也就成了很大的比較關鍵。

在建築的基本規劃設計上，臨路面必然會是棟距的重點，因爲最少可保有一定的距離是永久不被影響，當然路面越寬，條件就越好。再則基地越大，內庭的棟距設計彈性就越佳。那些正臨公家機關、學校、公園綠帶、地理環境、公共建設或公有停車場等，這更可有寬廣甚至到無限的棟距，若建案住家有這樣的優勢也等同幾近堪稱完美舒適的宜居宅了。

所以買房子，應該要把重點放在棟距上，如果是長住的考量，就更要愼選，因爲棟距不足，窗戶就鮮少會有開窗廉的那天，光線也進不來，不便開窗通風性就會大打折扣也無法產生對流空氣，更別說想到陽台外坐坐賞景吹風，甚至連工作陽台所曬的衣物也沒有隱私上的保護與充足的日曬。有太多會影響居住品質的要點全都跟棟距有關，所以除了關心建案本身的條件之外，棟距也必須是參酌的要點，尤其是預售屋，因爲你看不到實體只能想像，倘若不在乎或不懂棟距而下了決定，到成屋以後時必定會懊悔。

棟距多少最好呢？通常道路分路街巷弄，路則10-80米、街則8-15米、巷弄則3-10米，新制重劃區都有退縮的規定，所以雙邊基地彼此都還各保有一定的建築距離。平均而論，住家有30米以上的棟距會較爲妥當適合，若低於15米以下隱私不佳，低於10米以下採光不足，低於5米以下窗則無用。如果是格局側後邊非主正面的棟距不好，雖不完美但影響不大，因此那些所謂的單層少戶及雙面到三面採光的配置戶別，大多可擁有相當不錯的各面棟距條件。

選地段是好，的確好的地段大過於一切。
選品牌也好，但好品牌不見得有好棟距。
選格局也罷，但好格局不見得有好採光。
選方位尚可，但好棟距往往比方位重要。
選建材無用，建材不足以提升住家品質。

賣方立場也是如此，賣方心裡深知自己的建案產品哪個戶別好，哪個戶別差，哪個條件優，哪個條件劣，所以這些都會反應在價錢上，當然棟距也會是設定價差的主要理由。至於你在不好的戶別上所被推銷的話術，自然就是要說服你可以接受與決定它們的不好，但事實上那些房子都會有棟距不足的通病。

因此買方自己本身也應該都要具備有著判斷棟距優劣的功夫，畢竟一間屋子的居住質感好壞，都將影響著自己與家庭未來的生活品質，採光通風不好的房子，地段若好還可以忍受，但其他條件再好也沒意義，因爲那住起來可是一點都不舒適。

沒有完美的房子，即便有，那價錢肯定是個大缺點。所以不要太苛刻於建案上有著多少的抗性缺點，只要棟距足夠、只要棟距大、只要棟距無限，那些缺失其實都能在價格上來彌補，因爲那些負面因子，其實對人們的居住品質的影響沒有很大。

【買房不須萬中選一也不用鑽牛角尖地挑嫌隙，而是要從一張白紙上依序列出主要的優點，只要這些都是你認爲可以買它的理由，那麼缺點就不再重要。唯獨棟距這件事可萬不能輕易妥協，沒有棟距的房子增值率低不說外脫手率更低，也別論會有多大的投資價值空間。如果還不明白棟距的重要性，可以多找點中古屋來看看到底那對室內的差別有多大，慢慢地你也就能平衡出來那些你會喜歡的物件肯定都會有個共通點，就是棟距所帶來的採光通風視野景觀跟隱私是相當不錯的。】

# 『何謂吃虧』

| #買方觀念 | 經驗認知差異

許多消費者在買房時，都很執著這兩個字：吃虧。

即便有實價登錄、即使政府打房、即便交易透明化、即使資訊快速又方便，還是有很多人不願相信市場、或不相信賣方、甚至不想相信不動產，怕自己買貴了，怕自己賣低了，怕自己買錯了，怕自己買下去了。說到底，眞的有所謂的絕對吃虧或占便宜的那一方嗎？

對首購族來說，甚麼最吃虧？沒買最吃虧，看看別人想想自己、看看過去想想現在、看看眼下想想未來。有部分的人認爲買房子基本上就是件吃虧的事，他們覺得承受房貸就是成爲屋奴，一輩子被負債綁架，生活沒有品質，寧缺勿濫，寧可甘心送租金給房東或當個賴家王老五，也不願意買一間屬於自己家庭的小天地。寧可做個月光族也不願付半點利息給銀行，寧願跟在居住正義聲浪的後頭也不願爲自己人生資產踏出那一步。

這種錯誤的觀念不只是在景氣好時存在，在時機慘淡的時候也大有人在。事實證明，買不買房跟房價走勢其實沒有一定性的關聯，充其量那只是成爲不願買房的藉口之一罷了。

要知道，購屋不是消費，如果你到現在還認爲買房是種消費，那你終究很難站上M型化的另一頭。要知道，不動產並非只單純用在自住上，而是大衆置產工具，如果你到今天還沒有這種經濟觀念，那你終究只能窩在舒適圈裡取暖。

拿點理智來回答幾個問題：

1.如果沒有房貸，你有更具效率的儲蓄方式？

2.如果沒有房子，你與你的家人要住在哪裡？

3.如果沒首間房，你要怎麼有計畫性的換屋？

4.如果之前有買，你的房價成本是低還是高？

5.如果現在不買，你未來的成本是低還是高？

6.如果不買房子，你要怎麼放大自己的收入？
7.如果沒有資產，你還有甚麼抗通膨的做法？
8.如果收入有限，你有比購屋更妥當的理財？
9.如果堅持不買，你何時才能擁有自己的房？

爲什麼不買？爲什麼曾經有機會不買？爲什麼房價低時不買？爲什麼還負擔的起時不買？爲什麼過了好幾年還不買？爲什麼孩子都大了也還是沒買？

這些東西，越年輕去細想，對自己幫助越大。因爲沒有提前去思考與研究，這就會成爲你未來必定要面對到的現實問題。

10萬一坪的時候說房價太貴了。
20萬一坪的時候說賣價很誇張。
30萬一坪的時候說買了是笨蛋。
40萬一坪的時候說還好我不買。

這些時間與房市的過程跟階段，到底誰吃虧？到底誰比較笨？到底誰傻呢？那麼你是想要在甚麼時間點進場？還是你到現在都還沒進場？還是你依然不打算要進場呢？

其實吃虧不吃虧，在於每個人的主觀認知裡，有人眞的買到比較便宜時，也許他還是認爲自己吃虧。有人眞的買得比較貴一些，但他也許不認爲自己是吃虧的。所以這個問題根本沒有正確答案，只能說明市場那麼大，每天都有人在成交，每天也都有新的買方也會有新的賣方，怎麼可能滿足所有人都是吃虧或占便宜的呢？

但如果一直執著在這小地方而忽略了最重要的事情，那並不會對你在購屋過程上幫到忙，每個人都會有房屋需求的時候，也會有要換屋的時候，有些人也許一生只會買這一次房，但你無法否認的是，你遲早都會需要一間房。既然如此，又何必爲反對而反對呢？又何必要對抗市場呢？又何須要去認定所有的不動產世界只對你不友善呢？

沒有房子，才是最吃虧的。
該買不買，才是最吃虧的。
過去不買，才是最吃虧的。
現在沒買，未來就更吃虧。

以15年間做個事實舉例做比較：
95年的三房不過600來萬，當時有買的A現在房價成長一倍多，當時沒買的B到現在沒賺到半毛錢，相對B如果跟A去承購的話要比過去多付出一倍的總價。換句話說，A從B身上賺取了600萬，A得到正數，而B得到負數，兩者間的差距就是1200萬。以此類推，不管你在甚麼時間點購屋，經過時間的洗禮之後，這都是資產累積，同時透過貸款的壓力強迫你儲蓄，也許A因為當時購屋而壓縮了自己的生活品質，可B卻因為沒有任何房貸支出讓生活過得很優渥。但A卻因此存了不少錢，反觀B卻把這段時間的收入都揮霍光了。

假設A在這15年將房貸繳清了：
A存下600萬，同時房產增值600萬，所得共1200萬現金。B沒存下錢，同時要額外提高600萬預算來買一模一樣的東西。兩者間的一來一往，一個是先苦後甘般的輕輕鬆鬆就可再換更大的房子同時沒有房子需求的困擾。另外一個則是先甘後苦的要不斷為房子傷腦筋。這時候，有沒有吃虧，重要嗎？嚴格說起來，B才是最大的輸家與吃虧的那一方，因為你浪費了時間，也浪費了許多機會。但回頭想起來，AB之差不過就是一個有買房一個沒買房罷了。

以經濟金流的概念來想：
市場上有贏方，就有輸的那一方。有人從不動產得利，這些正值價差也相對是從損失的那一端賺來的，只不過這並非是實質的虧損，而是輸家以時間代價上來去凌遲承受，這所謂的賠，輸的全都是時間，因為你要用更高額的貸款與每月付款來填補你曾經的固執與堅持，然而這份愚蠢，就是贏家的收入。以此循環再循環之下，越早買房甚至買越多房的人，爾後就越有錢。

所以有嚐過甜頭知道與懂得的人，會很自然地繼續複製下去，而不了解或不想明白的人，他就會認爲這篇文章是在講廢話。

本來就應該要多鼓勵有需求的人買房：
如果你是首購，能找出列出足以說服自己打死不購屋的客觀理由嗎？
如果你是自用，知道這些歷史軌跡與經濟運作還要持續堅持己見嗎？

買房永遠不要怕吃虧，怕的是你不買、怕的是你喜歡了還不決定、怕的是你看來看去但就是不敢踏出那一步、怕的是你在猶豫的時候受到了太多負面影響、怕的是你把購屋當消費、怕的是你認爲房貸是負債。只要這些你都能夠克服的話，遲早你都將會成爲是天秤勝利的那一方、遲早你都會是贏家。

【購屋的原則與技巧非常簡單，地段與產品符合需求、預算可以接受、只要喜歡，就可以決定了。很多人都會問：有這麼單純嗎？房子那麼大筆的金額就這樣隨興？不是應該貨比十家再回頭比嗎？不是要考慮個沒日沒夜從初二想到十六從年頭看到年尾嗎？其實這全都是錯誤到不行的思維，房子也許會等你，但不會一直等你，這不是緣分的問題，這是觀念的問題。因爲在你猶豫所耗費的時間裡，早就錯過許多的機會，到頭來你換回來的都是賣掉售出沒了或完銷的答案，即便你有多麼地不願意接受現實甚至怪罪賣方都在騙你都把房子藏起來不賣你的時候，別忘了，曾經你都有過可以漂亮進場的時機，是你自己把它們棄之不顧的、是你自己決定了你必定要吃虧的未來。】

# 『回頭看房價』

｜#買方觀念｜ 有看到甚麼了嗎？

台灣不動產有個總結：就是回頭看過去的房價，永遠都會令自己心酸，如果你沒買的話。

過去，歷史上經過不少經濟或景氣上的衝擊與波折、又或是在行情上的來來去去、還是在交易量上的起起伏伏。最終，還是不敵不動產價值只漲不跌的事實。

購屋應該秉持一個健康的心態，你買房不是爲了期待它增值，也不是擔心現在不買未來會更貴，也不該爲了等待它跌價才願意進場。而是要以一個非常客觀的角度跟觀念在分析判斷自己買與不買的差別，如果結果是對你不利的，就不該爲反對而反對，反之如果今天的決定對未來的自己是有利的，那請問爲何不買呢？

一般自住客與首購族跟投資置產客的買房心情與邏輯思維是完全不同的，以至於前者很容易錯失機會，也很容易在這個市場上吃虧。但尷尬與矛盾的是，總是有那麼些人自以爲地認爲購屋才是件愚蠢的行爲，但又無法否認自己有房產的需求。

也許此時此刻的房價行情很難令人接受，但請回頭來看看不同的時光與背景，就會發現其實每一個階段，都有人在嫌貴。比如說10萬一坪的時候、20萬一坪的時候、30萬一坪的時候，比如說20年前、10年前、5年前，永遠都有那個聲音在你腦海裡迴盪叫做：今年不該買房子，明年會跌價。結果等了半天，房子不但沒跌更貴就算了，還很難買到。

不要認爲時間所帶來的事實都是假的、不要認爲只有你自己想的才是眞的、更不要認爲你所認爲的認爲足以代表整體環境。你我都不是神，但倘若你現在有房屋的需要，就該去正視面對，也不需要執著在過去的價錢，因爲你也沒資格做這種比較，爲甚麼呢？誰叫你那時候不買？誰叫你那時候沒有買房的需求？誰叫你房子要看那麼久？誰叫你要聽進去那些非專業角度的閒言閒語而缺乏正確的判斷？

經濟的運行是每天每分每秒都在進行著，並改變著人們不同時代有著不一樣的生活，最有感的就是怎麼運用財務數字的收入與支出，消費習慣跟認知與水平也都與過去完全無法相提並論，比如：

你買不到過去相同等級的汽車價錢。
你買不到過去相同類型的機車價格。
你吃不到過去相同東西的食物價錢。
你用不到過去相同規模的能源價格。
你花不到過去相同消費的開銷支出。
你買不到過去相同面積的房屋價錢。

既然在食衣住行上面，我們都看不到回頭價，請問你又爲什麼會認爲房子會有「回頭價」呢？

現在有許多新建案或中古屋的成交行情或預售價格，可以用跳了一大截來形容，可能你還無法接受或覺得不可思議，但想想這是單一案例還是全台灣都是如此呢？想想這是某一個建商在創高價還是普遍所有賣方都是如此呢？想想這是蛋黃區特別貴還是蛋白區也不斷在上漲呢？

是不是開始越來越有種很深刻的感覺是：前幾個月30萬一坪認爲價錢太誇張，如今看到30幾萬反而覺得特別親民甚至覺得不貴，爲何呢？因爲大家在同個區域再也看不到2字頭了。既然每個人或剛出茅蘆的首購族都知道未來不可能會有向下探的價錢數字，那你還在等待或期待甚麼呢？難道你認爲市場眞有可能會回到五年前的行情？十年前的房價？十五年前的水平？

難道你認爲你還買得到不到50萬元的TOYOTA？不用4萬元的125機車？20元的滷肉飯？30元的雞排？還是便宜許多的油電費與家庭開支？還不清醒嗎？難道你天眞地以爲房價會回到10萬一坪的時代嗎？

「通貨膨脹」隨著時間在積極努力且大幅度又不留情面並狠心地在吃掉你的儲蓄與收入跟薪資。你不理它，你會在不知不覺中有感生活越來越辛苦。

買房須謹愼，但太過謹愼就是多餘。買房

需要準備好一切再決定，但準備好了還不買就是多餘。買房需要做好功課，但做了功課還不進場就是多餘。

很多時候在購屋這件事上面，充其量就是很簡單的人與人之間觀念思維的較勁與比較而已，不是每個人都是天才，也不是每個人都善於在不動產上理財。可眞正有爲人生未來在打算的人，都會明白一個道理就是：無論房價在多貴多高，自己遲早都要遇到跟面對這個問題。即便你不想去承受接受認同，你還是會遇到，你還是要面對。房子，你不想辦法持有它擁有它，它就不會是你的，你不買，他就永遠不會是你的。買房很辛苦、繳房貸有壓力，這都是人之常情，只不過它會在以後的時間把這些你曾經的付出加倍回饋於你，當你都不願意在任何一個你該需求的時間點去買下屬於自己的房子，爾後你所要額外付出的代價將會更高，無論你想拖多久，一年、三年、五年、拖得越久，你就會越痛苦。

在房子的消費市場之中，有絕大多數的人都是在需求之中默默地嚐到甜頭，甚至是撿到大便宜，這個便宜不是指他買得比別人低價，而是他在意外之中剛好選中一個非常漂亮的時間點買了房。

其實很多人在不動產賺到了增值上的財富初衷根本就沒有想太多，他們不過就只是在那時需要一間房子住、需要買房、需要購屋就這麼單純而已，他們沒有想著這間房子會賺多少或未來可以給他帶來多少增值價差還是投報率，大家，不過就只是「需要間房子」這麼簡單的理由罷了。殊不知，住了若干年後，房價漲了一倍、兩倍、三倍，不管多少，你已經有足夠的籌碼來換更大更漂亮的房子了。

【有買房的人透過歷史經驗的過程都可以明確看出他們都是贏家，既然是贏家，自然就不會是拒絕買房那些人口中的笨蛋。其實眞正愚蠢的，是不懂也不想懂、不知道也不想去知道只爲反對而反對的人，他們才是貨眞價實的輸家。一天到晚喊著居住正義敲打著鍵盤講些似是而非的歪理，也不願意花時間去理解研究只認爲房價是炒作的，只認爲不動產就應該回到過去的價錢。不管後市怎麼走、經濟又會有何變遷，這些人他們自此之後都很難從不動產上建構更爲順遂的人生，因爲觀念不改，你們還是難擁有「房子」，打嘴砲有甚麼用呢？】

# 『買房的人生藝術』

｜ #買方觀念 ｜ 求人不如求己

買不買房是否會成爲魯蛇的問題，不僅見仁見智，在這社會上也充滿了兩方對立的論點。有房者會認爲當年購屋的決定造成現今的收穫是因爲自願爲了買房這件事而願意承擔壓力與犧牲所換來的，所以在某種層面來說，是自己比那些不想買房的人更同意爲了人生與未來去努力，於此不同於這種想法的人來說，的確他們都帶有魯蛇的思維。而另一派無房者與支持居住正義的人卻不這麼想，他們覺得有房子不等同人生上的成功，房子增值也不代表甚麼，他們從不會認爲自己不買房就是魯蛇，反而會說那些買不動產的人根本是在助漲這個社會與房地產上的不公平。

邏輯、邏輯、邏輯是很重要的思考與判斷元素，在買房上面如果你的想法充滿了許多與現實之間的矛盾，那問題絕對不是出在於環境或其他人上面，很多時候自己必須要檢討一下，爲什麼別人有房買得起房，自己卻不行？也許你會說他們的自備款都不是出於自己的或其他等等理由，但無論如何，每個購屋的人最起碼他們都願意爲此付出你不想付出的一切，別人做得到但你爲何就是不願意爲自己的需求跟人生拚一把呢？

買房子，需要錢、需要一定程度的自備資金，即使有房貸但還是要些許門檻，不管是前期要準備的現金、未來入住時的家具家電裝潢、還是每月要支出的貸款，通通都是錢，所以如果你有這個需求、有買房的想法，就要把這些東西都準備好，倘若你沒有，就要想辦法生出來。但你不可以因爲自己的能力有限，就要求賣方要賠錢或賤價賣你，更不可以此要建商降到更低的門檻來把房子出售給你，爲甚麼呢？交易世界本來就是人人平等的，建設公司爲何要把特殊條件讓給一個較爲弱勢又想要占賣方便宜的人呢？

很多首購會因爲自備能力的問題，就開始抱怨起房價，比如沒做過功課與市場了解就一昧地說各種建商都是黑心的都是要賣誇張的價格。比如會以自己僅有限的資金去計算賣方應該賣多少錢給他。比如會拿若干年前的行情來表態只接受那樣的房價。比如會用自己的經濟立場來代表整體房市不該賣那個價錢。比如會講些房市必跌的理論來出未來可能會降價的空間。其實說穿了，不過全部都是些自己不想面對現實的藉口罷了。

這樣的消費行為，跟小孩子的任性沒甚麼差別。舉個粗淺的生活案例：你會因為身上只有8元拿著10元的麥香紅茶跑去跟店員講因為錢不夠所以你「必須」賣8元給我，你覺得對方會理你嗎？或者因為你只有這8元，所以跑去跟統一講你黑心暴利所以只能賣你這價錢，你覺得對方會理你嗎？還是你認為這個產品未來必定會降價，所以跟賣方講我只能用這未來可能會跌到8元的價格來買，你覺得對方會理你嗎？

同樣的道理、同樣的邏輯，你因為有需求，所以想要喝這紅茶，所以想要買個房子來住。不動產同大眾消費與民生必需品一樣都是人生過程的必經之路，為什麼只因為它的金額大就要被差別看待呢？既然你想喝瓶這飲料又少了這2元，那麼你就應該要想辦法湊出預算與資金，如果沒那個屁股就不要坐那個馬桶，生不出來你就得要放棄這份需要。反之你很想要你有強烈必須要擁有的慾望，就要努力補足自己還不夠的部分去爭取理想跟夢想，這不是再正常不過的事情嗎？

買房的藝術在於先求有再求好，在首購的階段，除非有其他關係上的資助，不然大部分的人都是循序漸進地以小換大，以蛋白區換蛋黃區，以低品質社區換到優質建案。這個循環從北到南都是如此，如果現在的你是第一次買房，一定會面臨到不少現實面的問題，也找不到那個你心中完美無瑕的標的，總是會有許多的問號就是為什麼你喜歡的房子都買不起。因為目色太高，高到看不到自己當下的荷包裡有多少錢，因為你還不理解甚麼叫退而求其次，因為你想著要一次到位，因為你有太多不切實際的期待。

在人們的成長過程中也存在同樣的理論，當你剛出社會尚無存款之時，怎麼會有馬上就買汽車代步的能力呢？大家不都先以最低門檻的機車先來撐過大段時間，有了些資金在買台便宜的汽車，慢慢數年數十年過去自己也有更充裕的財力時再換更好更有品牌的車，這應該是很常見的狀況吧。但爲何回到買房上，腦袋就不靈轉了呢？現在還負擔不起三房，那就先買兩房頂著用吧，再不然就套房先窩著。現在還買不起蛋黃區，那就先買買蛋白區來住吧，再不然就蛋殼區先待著。現在還無法擁有一線品牌，那就先買二線建商蓋的吧，再不然就買最便宜的寶佳也不會太差，再怎麼樣，都比沒買來得強百倍。

【你可以活在自己的世界裡面，那都是每個人選擇的權利，買不買房這件事其實並不存在於現況行情是多少、你有多少錢、景氣好壞等等，因爲這是種對自我的投資，雖然大部分首購或無資產的人都會認爲這是消費是付出，可看得懂的人都會很清楚明白先甘後苦或先苦後甘的差別在哪裡。人生時間有限，選前者的歷史經驗都可以告訴你下場是如何，選後者的既定事實也都能讓你看到他們的觀念思維與邏輯都帶來財富累積上的成功。只要你不願意爲了購屋需求而去付出，你就只是暫時性地逃避購屋壓力罷了，但除非你打死一輩子都不買房，否則你閃避的越久未來你將要承受這倍數返還的房價跟行情。】

# 『抗性的自我修養』

| #賣方觀點 | 人不轉心轉

對於代銷或業務而言，理論上來講，是沒有太多選擇產品條件的資格，應當接了甚麼案，就要賣甚麼案。既然是爲解決建商或業主的問題跟困擾，就得要想辦法把它解決掉。不管那是否爲賣方錯誤的土地與規劃評估，又或那是個如燙手山芋般的地段或抗性，在優秀的第一線眼裡並非只會賣熱門無缺的物件，而是可以迎刃而解那些大部分業內所賣不掉或不敢碰的建案。

抗性，就是買方會在意的缺點，也是建案本身上的缺憾。有很明顯有感的，也有無形會擔憂的，有外在的，也有內存的。總之每個建案、每個建商、每種產品，其實都存有它先天上的抗性，這其中沒有完美無缺的案例，但市場與人們往往都會去追逐那些比較重要或受大衆認同的大方向，這也許是整體環境氛圍上的自然發展，但也可能是受到非常厲害的銷售或賣方所引導的結論。

缺點，永遠都是那麼直接且主觀的，也將會深埋在消費者的心理深處，總是擔慮著會否影響到往後居住的品質跟觀感，可在現實世界之中，總是沒有那一間完全賣不掉的房子，只有賣不掉的價格。對賣方來說雖然那會影響到銷售的周期長短，但最終還是有人會買單，可能是房與人之間的緣分，也可能是遇到對的業務。

代銷，主要的任務就是在包裝與行銷，爲何需要如此？因爲要把原本不夠力的去強化出來，把原本的小東西放大出來，把抗性隱晦起來。避重就輕是正常的，拉出每個建案上關鍵的重點來讓消費者接受更是應該要做的事，假若第一線都僅是單純在介紹產品的基本流程上，那這解說員的工作其實每個人都做得來，又何必需要專業的人員呢？

看待抗性，本來就應該要帶著正常不過的心態。就跟每個人身上都會有缺點一樣，就跟每一對情侶夫妻明知對方的缺點風險何在，最後還是會選擇結婚，這同樣也是終身大事，但爲何放到購屋上，就變得拘束與過度嚴謹了起來呢？婚姻之事很多人看的都是只有自己眼中才知道那些該把握與爭取的優點而去忽略對方的抗性，既然如此那房子不應該也是相同的道理嗎？

因此代表產品的銷售單位，就更要試圖轉換買方的既定認知，來端出那些他們看不到的優勢，也需要非常努力地找出那些細節來分析分享給買房者，因爲他們永遠都是外行的，而你是持有不動產專業的專家，就該是以內行佼佼者的立場去想辦法讓買方信服，如果做不到這點，那就是辜負了身爲本產業一分子的精神與原則。

有人會說，房子不就是賣房子而已嗎？
也有人說，房子絕不只是賣房子而已。

那麼身爲賣方與銷售業務，你是只賣房子呢？還是你賣的是其他看不到的東西？你是只賣好賣的房子，還是甚麼房子都會賣呢？你是挑房子來賣，還是房子遇到你必定會被售出？這些前後者的意義差別甚大，但能做到後者，卻是少數，能將後者做到徹底，更是少數中的少數。

銷售工作要提前做的準備非常多，也需耗費大量時間做練習，當然買方所會在乎到的產品缺陷，賣方早就從頭到尾的知情與了解，再來只是看業務要如何處理這些抗性跟問題。人有百百種，自然賣法更應該多元可變，不同的客群與屬性，所在意的點也都會不一樣。不同的人生階段或社會職業地位跟預算，所介意的地方也都會不同。如果只有一套功夫，自然能殺敵的彈性就會相當有限，因此對於自己是否有多種應對方案，也同是對自己職業的交代與負責，業績要想無往不利，解決抗性的能力高低也將會影響自己將近一半以上的成績比例。

在台灣的推案案例裡面，不乏以下：
加油站、墳墓邊、殯儀館、醫院手術房、廟宇、電塔、變電所、基地台、廣播站、陸橋、路沖、壁刀、瓦斯站、工廠、汙水處理站、鐵道鐵軌、機場、航道、焚化爐、資源回收、地勢、高速公路、八大行業、高環境汙染產業，這些是外在有感且比較被大眾所放大在乎的抗性。

建商品牌、外觀、規劃、公共設施、公設比、空間、格局、建材、品質、開窗、棟距、設計，這些是內在常見但比較可被接受忽略的缺點。

上述種種一切曾經再難賣的建案，在時間的推移之下，也都全部完銷一空，甚至有得還賣得很快，那究竟是這些抗性完全不被消費者接受，還是這些缺點其實是可以被無視的呢？

假若這些條件能被反應在極低的售價上，還是有人會買。
假若這些建案是非常划算於當時市場上，還是有人會買。
假若這些標的還是有著決定性的優點時，還是有人會買。
假若這些房子是高手所承攬包裝行銷著，還是有人會買。

身爲銷售單位，如果比買方還害怕這些抗性，那你未戰就先輸了。如果買方說的一切反倒說服了你，那你必定無法成交。如果在心態上沒有正面思考的心理素質，那你面對客戶肯定心虛無比。如果在不能把所有的大小缺點以平常心看待，那你只不過是相當一般無奇的代銷或業務。

誰不想賣A案，誰不想接A案，誰不想進A案？但建商爲何要把A案交給你呢？或者他爲何必須要給你承銷呢？是信任你的專業能力？還是信任你的包裝行銷能力？還是信任你解決問題的能力呢？又或是你有何獨特的競爭力呢？

所以解決抗性也是一種各方面的表現，把帶有抗性的建案房子以最快的速度完銷更是一種成就成績的象徵，這個產業需要的是實力者，甲方與業主需要得更是絕對的實力者。

【別說是消費者了，很多業內工作者在需求或預算之下，也都會去選購那些帶有大小缺點跟抗性的建案來入住，所以這是很正常的事。因爲人都是需要被習慣所制約的動物，買前一回事，住後另回事，誰不想以小錢買豪屋，誰又不想可以住在一個完美無缺的房子裡呢？重點就是資金收入有限，重點就是預算有限，重點就是買方必須要爲了現實面來承擔那些爲人詬病的產品缺憾。你不要不代表其他人不要，你不買不代表其他人不買是很重要的銷售與購屋觀念，也許你今天不想買，但不見得表示明天的你不會買，厲害的業務從不看表面，更不會讓他的客戶只看表面。】

# 『最現實的是誰』

| #賣方觀點 | 買賣見人性

對不動產的買方而言，普遍都會認爲建商或代銷與仲介，是現實的、是見錢眼開的、是重利主義的。但在所有的房地買賣行爲過程中，眞是如此嗎？不否認在利潤龐大的房地產世界中，有不少的賣方單位是心純不善或僥倖投機的，也有不少第一線會把職業道德拋於腦後先賺了獎金成交再說，可這些都不難察覺其虛浮的手法且畢竟是少數份子，比起消費大衆的爲數來講，害群之馬就會被廣爲放大讓市場買方容易以偏概全的貼起標籤。

在數十年的業務接觸經驗與無數次面對買方的問題或困擾裡，其實比起建設公司或代銷同業，眞正最現實的，還是消費者，尤其自住客、尤其首購族、尤其預算有限及自備不足的。該怎麼說呢，有些人就想占些小便宜、有些人完全沒有信用、有些人臉皮厚如城牆、有些人爲了議價或退戶極盡怪奇手段、有些人說的謊與編織的假話已經遠超於銷售話術、有些人明知理虧還死不認錯、有些人自視甚高不懂尊重他人、有些人玻璃心易過度敏感惱羞成怒、有些人就是要買得沒道理的低價，其實無論是哪些反應，歸咎於最後都不過是爲了「利益」。

當左邊在憤恨埋怨投資客貪婪的時候，殊不知自己若有機會也想以有限的資金來買空賣空賺一手價差。當看到某些建案炙手可熱一戶難求之時，若自己有辦法買到的時候，絕對不會放棄那種大家沒有而我有的機會。當要購屋談價錢的時候，不管賣方說甚麼，都一定要買得比別人低價，最好高樓比低樓便宜、低樓要破底行情。當自己已訂了房也與賣方談好所有條件跟承諾時，想要反悔的那一刻總是可以拿出各種瞎扯理由來掩飾那不肯承認錯誤的心態，甚至以要脅強硬的口吻來壯大自以爲是的幼稚。當自己已清楚所有白紙黑字的內容而簽下的名，卻在不如預期的結果之後極盡報復手段來滿足那失衡的心情。

因此有經驗的賣方，都會深思熟慮著消費者可能性的反應來擬訂相應的銷售策略或方針，聰明老道的業務也同樣深知買方在想甚麼，簡單講你肚子裡藏了甚麼藥，其實高手都知道。你以爲達成自己所想要的目的或結果，其實不然，這是賣方故意讓你認爲有這樣的感覺。所以最高招的銷售技巧是讓每一個人都認爲自己買的是最便宜的、讓每一組買方都可以心滿意足的做下決定、讓消費大衆買得開心買得沒有懸念與遺憾。不管是多搶手的地段、建案，還是多冷門的蛋白區、建商品牌，若是以自身產品力來得到的業績嚴格來講並不是因爲你很行，而是市場機制自然而然的結論。

道高一尺，魔高一丈，在不動產交易的過程裡，買賣方的立場永遠是相對的，究竟買方是道、還是賣方是魔，不得而知，但也沒有對錯。因爲業務存在的價值，就是以服務之姿來創造成交之實，沒有三兩三，要能對消費大衆知己知彼，恐怕並非易事，若想成就業務這條路，就必須要克服掉除了A型客之外你還能搞定多少的BC型甚至D型奧客。

有人說，業務的話能聽屎都能吃了。
要我說，客戶的話能聽直接吃屎吧。

前述是有太多的消費糾紛來自於不動產上買賣應對與互動上的摩擦跟衝突，所以普遍大衆觀感認爲賣房子的就是要騙自己入甕或把自己當凱子，在資訊與媒體傳遞快速的時代裡，這也發酵形成了大家在看屋時對賣方的心防，還沒開始談判就已經把對方當敵人了，更甚者還會有相當不客氣或不禮貌地的回應。

所以業務好做嗎？賣房子的必定好賺嗎？那也不過是八二法則中的八二競爭後生存下來的表面光環罷了，要知道能夠在銷售過程裡戰勝無數人種、能夠將負面轉成正面、能夠把劣勢翻成優勢、能夠突破任何人的心防、能夠與任何人都連結成良善的交際，這並非每個人都能做得到的。因爲信任的經營，都必須從心裡的深處紮根做起，這連熟識的人都未必可以輕易做到更何況是陌生接觸的買方。

客戶講的話，相信或認眞你就輸了，爲甚麼呢？因爲對方自然會有利益上的進退與攻防，說得話又怎麼可能都是眞的呢？消費者上門來看屋的動機百百種，搞不好連他們都還搞不淸楚自己要甚麼，又怎麼會有辦法告訴你實話呢？既然如此，爲何賣方還是要問、甚至要打破砂鍋問到底，講直白的就是要從買方的反應中來迅速的組織成一個合乎邏輯的可能性結論，我們不能輕信你說的話，但我們可以從你的話中推理出一個事實，再從中盡快制定成交率較高的業務方案或以最快的速度去了解你大概是甚麼樣的人種。

客戶的話絕對不能盡信，否則被搞得傷痕累累的一定是自己。
客戶的話千萬只能參考，否則被打擊的失落感最終環繞自身。

曾經有不少初生之犢拿出眞心卻被消費者一而再地唬弄。
曾經有許多老實眞誠的好個性卻被消費者磨練成老油條。
曾經抱著天眞爛漫的原則理想卻被消費者虐到看透人性。

業績不好，不知道爲什麼？難道相信客戶錯了嗎？難道先誠實在成交眞的是癡人說夢嗎？其實這沒有甚麼是非對錯之分，只在於自己最終輸給了人性，因爲你並不知道原來所謂的買方、客戶、消費者都這麼地現實、這麼地不講道義、這麼地不守信用。要想做好一個業務工作，就要以良善爲基，但卻要以心眼爲技，眞正的誠實與老實，不是用在銷售流程上，而是要用做包裝自我給人的觀感形象上，可眞要完成一筆交易，你應該要拿出來的是深無止盡的業務動作，但若你無法看穿坐在眼前的陌生人，那麼一切都只能靠景氣與運氣。

消費者有多矛盾？既不想浪費時間在看屋上、也不想浪費口舌在與業務的互動，可若你都不想花時間，又怎麼可能輕而易舉地就決定買下一間房子呢？難道購屋不需要耗時來認識了解嗎？難道你不需要熟識一下業務來解決你未來的問題嗎？難道你是一個專家不用透過實地了解就可以知道所有建案的資訊或資料嗎？

於此業內常有一句話叫做「有些客人就是欠教育」。實際上的確很多買方受到市場上的教訓之後才會改變些態度，不經一事不長一智，只不過消費大眾的人數比例畢竟遠高過於賣方或從業人員，所以業務都要不斷周而復始的繼續教育那些無知或沒有經驗與帶著天方夜譚想法的客戶，他不一定會買或會跟你買，但總有一天，成長後的他們最終會發現自己曾經的稚嫩有多麼可笑。

如果你30歲入行，做了10年，當初你所賣房子的首購族如今也都邁入不惑了。可40歲的你今天還是在賣房子給新一輪的首購族，以此類推，當你從業了20年、30年，究竟要面對多少的買房新人。同理你要不斷被同樣的客戶問題折磨多少次，又要解決多少各種不同時代想法的購屋困擾呢？所以業務的堅強韌性，通常都是因此被歷練壓縮過來的，久了，也同樣會有如本文中同樣的感覺：寧願相信世上有鬼也別相信客戶的嘴。

【消費者的現實不是錯，那是人性很基本的自保意識。買房即便是自住，也是充滿許多的利益考量，比如打幾折、比如送甚麼、比如有何優惠、比如能否爭取到更好的戶別或車位、比如買了後有無漲價與其他人有沒有買得比自己還貴，這種種的一切無論是有形的金額或無形的好處，在人的心裡認知其實全部都充滿了利益。人的自私是天性，這也是無法改變的眞實，與其抱怨埋怨客戶，不如好好充實跟成長堅強自己的心理素質。要知道，買方騙你應該、唬弄你正常、說話不算話與不老實不眞誠或沒禮貌沒水準，這都是非常普遍不過的表現，當然並非所有人都如此，但在人性之下，業務就應該提前先做好這樣的準備。】

陸

# 廣告行銷&業務態度

廣告行銷

『預售廣告非騙術』

『案前預約』

業務態度

『工作與事業大不同』

『自律是一場發動對自己的戰爭』

『銷售十勝』

『成交關鍵在業務不在產品』

# 『預售廣告非騙術』

｜#廣告行銷｜吸睛爲重

甚麼房子必須要走預售模式？
成屋賣相不佳或地段偏遠需要被引導的建案，又或是產品本身條件太過陽春與無太多賣點，如此透過預售方式則能大幅提高售屋率。

甚麼房子不需要走預售模式？
比起消費者看不到的想像空間，建案或產品已具備現場優勢，且能卽刻交屋入住，通常地段好或高品質的住宅與透天別墅，大多會以成屋銷售爲主。

代銷，這個詞並非是一個可以被登記在公司章程裡的產業別，同時很多人也聽不懂這到底是何職業。所以每個代銷公司的名諱，多會有「廣告」二字，雖然是被建商委託代理出售的統稱，但眞正也最重要的工作內容與涵義，都是建構在廣告行銷上面，也就是包裝、策略、企劃，最後再到現場業務銷售。

當然建商自己本身也可以做這樣的事以跳過代銷來省筆費用，只不過在立場上的不同，大部分賣方自售的成績若非在景氣熱頭上，不然銷況普遍不會太理想。因爲行銷本身就是個獨立的專業領域，若帶有太多的包袱與設限，就容易變成不倫不類的結果，而建商擅長的是在營造建設並非在廣告行銷上，所以如果賣方忽略或太膚淺於這方面的重要性，普遍都會吃到虧。

爲何要做廣告？因爲需要曝光。
爲何要曝光度？因爲需要來客。
爲何要來客量？因爲需要賣房。

廣告做法百百種，爲何成功的案例那麼少？
因爲企劃公司的設計水準M型化。
因爲文案美工的功力創意M型化。
因爲代銷主導的策略思維M型化。

不動產廣告很多複製貼上，很多模仿，很多抄襲，很多拷貝，很多二次加工，換個顏色再來一次就是下個新建案的稿面。除了產品本身具備的條件優勢外、除了景氣氛圍外，對這個產業而言，廣告策略與企劃能力的差異就是決勝在千里之外，是否認眞、用心、細心、有無放進態度與精神在裡面，其實看篇稿子就可知其一二。

邏輯上，預售屋就是要創造極大化的廣告效益，造勢、吸睛、創造話題、市場關注度、極限美化、包裝，如此才能帶來對建案上的正面幫助，但這並不是騙、欺、瞞，這是種灰色地帶的運作技巧。越能突破守舊的包袱，就越可創造更多的成交機會，代銷唯一的任務就是要將任何接到手上的房子銷售出去，如果賣不掉且也無法解決建商的問題，那就失去了代銷的意義。所以在合法的底限之下，做出神奇的障眼法如同魔術，把一個非常普通的產品變成人人羨煞的超值夢幻美宅，就成功了。

一個足以被買賣方都高度關注的廣告，都會產生不少的好奇心，於此也難免會造成不少消費者會被誤導而產生不悅，認爲是被騙也好、被拐到也好、還是銷售或廣告不老實也罷。然而不可否認的被認同點是，若沒有引起你的注意，也不會造成這樣的結論，這份因果關係也證明行銷動機的目的達成了，當然這種操作方式不見得會讓每個人都能接受，但是，不動產行銷本質就是場商業戰爭，兵不厭詐必然是慣用的手法。

所以廣告不實等等相關的官方限制與規矩也就隨著時空背景越來越多了，主因也多在於不動產從業的相關單位自早期開始爲了生存、爲了業績、爲了營利，免不了出盡許多古靈精怪又奇葩的行銷手段，有的廣傳爲段佳話，有的則成了業內奇蹟，有的也變爲許多人或公司成長跳耀的關鍵。而代銷或業務第一線，永遠都是成果論英雄，如果沒有實際的成績單，就別談太多空泛的理論或想法與無謂的固執。

廣告目的在於要來人量。
沒客人業務再強也有限。

如果你進到一個不願、不會、不想打廣告的案場，即便你是高手超業，也無用武之地。相對地如果你進到一個企劃很強的建案或公司，也有大筆預算投入在廣告上，同時你也有源源不絕接不完的來客，可你的業績卻不太好，這時你就該好好檢討自己的能力，因爲你對不起與浪費的不僅是自己的機會，更是公司的資源跟預算。

兩者相輔相成，就很容易創造個案銷售上的成功率，所以廣告內容能否可以產生效益非常重要，它在同業之中也是種無形的競爭力。如果夠強，策略夠精準，方向夠正確，那麼將會吃掉其他競案的曝光量與被關注程度或討論熱度。尤其是在時機不怎麼樂觀的時候，這種能力就越會突顯其價值，這也是所謂的「個案表現」。

從業於不動產的人才結論是八二法則，當然存在市場上優秀的包裝技巧水準也同樣逃不脫八二法則的定律。因爲很多人做廣告，是做自己喜愛的，是做自以爲好看或適合妥當的，是做某些個人風格的，卻忽略了該如何賦予其中靈魂，也忽略了市場消費者要的是甚麼。這樣的策略也必須要有正確且客觀的邏輯思維去成立一個完整的計畫，不是你想做甚麼就做甚麼，也不是照你個人的感覺來去設計，更不是不斷再複製曾經成功的經驗。

當你看一眼廣告就知道這是哪家建商代銷，就可知其用心程度如何。
當你看這公司的建案調性怎麼都差異不大，就可知其企劃水準如何。

欣賞同業間的廣告與文案，也是種自我進步方式，每一次針對市場競案的了解，也需要換位思考，假若這個建案是自己來操作，會怎麼去定調企劃與銷售包裝重點？透過檢討與銷況跟買方的反應來試圖理解分析別人所包裝的結果被認同度是如何，如此漸漸地就會有一套精準且專業的原則跟方向。代銷的精神與意義，是賦予建案生命力，它不是被主觀以爲的，而是將行銷的精隨發揮到淋漓盡致，讓買賣方永遠都會記得這個案名，記得這套成功的模式，記得你與衆不同的地方。

【如果你是買方，或許也曾經被那些不動產廣告給誤導了，但請別忿怒，因爲在產業立場上，這是賣方必須要做的事，也最好是把它做得越完美越好。如果你是賣方，也切記不須害怕擔憂廣告力造成的負面觀感，有人喜歡就一定有人會討厭，至少有聲音出來永遠比沒反應還強的多，即便那是個不好的反彈，至少你創造來客了。這世界的快速變化帶來了許多可以跨越傳統框架的彈性，在未來與此後的行銷創意及策略再也不需要過去的「一定跟絕對」。】

# 『案前預約』

｜#廣告行銷｜新竹特產

新竹的不動產市場在全台灣之中是最特別的一塊，不僅無法以傳統的經驗來思維，甚至連行銷方式也有別於其他的城市。倘若對其有足夠的了解，那麼在銷售成績上面肯定能鶴立雞群，但如果不知消費者在想甚麼，那在行銷過程上就會非常辛苦。

是否曾有過心有餘而力不足，或不知道爲什麼的心情，明明該發包的廣告都已經執行下去，預算也花了，可爲何就是無法創造理想的正面效果呢？身爲一個行銷工作者，假如只能依憑景氣來滿足業績，那就不是一個及格的代銷，因爲在熱潮之下，建商或業主沒有你，他們也能快速完銷，所以是否能以一個完美的行銷手法來解決任何建案與第一線上的問題跟製造買氣氛圍，這才是這個產業的精神與態度所在。

新竹的市場特性：

1.群聚效應極強。

2.資訊流通快速。

3.網路依賴度高。

4.消費力道很大。

5.休閒選擇性低。

6.慣性排隊搶購。

7.喜新厭舊率快。

8.執著搶快搶有。

9.分享渲染度大。

總結以上在這個城市之中的消費者，用不動產的角度來延伸，會發現傳統的行銷模式很快就使不上力，而且廣告疲乏的速度驚人，換言之在前期越能做出爆發的效果，個案執行的風險度就越低。若要以消極的態度讓自然去化以達節省預算的策略在操作，那麼銷售週期必定比你預期的還要來得更長更久。

於此近年比較敏感的同業或賣方建商，都會開始將關鍵放在所謂的案前預約等等的複合式廣告策略，不管是有否進行交易買賣，或是若有似無的賣關子，還是漸進式的放消息到市場去，這都將會刺激欲購買方的積極追逐，以此產生出深怕買不到房子的心理恐慌而造成極端性的個案熱度。雖說若沒有景氣熱潮的加持這也不會有多樂觀的正面成效，但在多頭之下，這種操盤方法將會使銷況事半功倍，銷售去化效率極高，也能精省下許多廣告費用。

要知道正常的銷售流程，必定要經過一定程度的個案訓練或了解，才能把產品以很專業與完整的內容來介紹給買方，而難度最高的地方不外乎在抗性、議價、與僅剩下的戶別樓層，這不僅需要業務技巧，更需要時間來消化，所以建案都一定是賣到最後會越難賣。但案前預購不僅可以省略談價錢的過程，熱度夠高造成搶購的話就連介紹都不用了，全部都只剩下要與不要的選擇，然後如果你不要下一個馬上秒買。因此也不可用擔心業務的能力產值是否會影響整體業績，因爲此時此刻的第一線人員也只剩下行政的功能而已。

但也不是每一個建案都適合這樣做，有沒有市場潛力的產品競爭力很重要，這也得看當案是否有足夠的買盤需求量才能爲其制定。如果本身沒有那種被買方討論的空間，那基本上也就只是個普通的案子而已。所以操作者必須要有計畫性且非常縝密的沙盤推演與市況分析能力，因爲如果你連市場特性都不了解、連消費者想甚麼都不清楚、連主要買方客層都不知道、連甚麼案子適合甚麼樣的行銷方式也不明瞭，那執行行銷的勝率就會很低。

案前預約有許多種方式，有主動積極自己找上門的買方或第三方與關係戶公關戶，也有被動而產生購買動力的對象，有賣方自行做早鳥的預約報名，也有因提供局部資訊而讓消費者產生好奇的廣告布局，有虛晃一招的，也有惦惦吃三碗公的。不管哪個模式，在新竹做這樣的不動產行銷已成爲主流，而且不論上至一線品牌、下至寶佳建案，只要有足夠的產品力或地段價值，這一招都能產生多贏的效益回饋，甚至未開案就漲價的案例也不在少數。尤其在現今的景氣大熱潮下，只要一點風吹草動，就足以讓市場有暴動式的瘋狂搶購。

新竹群聚彼此之間的影響力有多大？大到你問他爲何要買，多半的答案是：我也不知道，同事叫我買我就買了。看到排隊搶成這樣我就買了。朋友買我也跟著買了。當你有買到而別人沒買到的時候，還會有種莫名的虛榮感，同時也會讓人羨煞地想知道你到底是如何買到的。

反之當時機與買氣低落的時候，你若買了房子反而會被揶揄，似乎與大眾有不同的決定就會成了是個異類。所以竹科會在乎房價高嗎？會在乎負擔不起自備不足嗎？除了剛開始工作的族群之外，其他普遍在乎的是買不到指標與熱門建案。

而這一點恰巧適合作爲一個廣告行銷的策略切入點，針對市場特性來擬制一個全盤計畫，讓訊息傳遞出去，讓風聲故意走漏渲染，讓大家越想知道的東西越撲朔迷離的神神祕祕，挑逗買方們的好奇心到極點，再選一個適當的時機開案，就可輕而易舉地分批去化掉「所有」的戶別。這也很難去防堵或阻止這樣的市場機制，因爲人人都是自私的，在每個人都想買到的市況下，你不買，就會被別人買走。事實上，在新竹的客群中眞正能置身事外的消費者相當少數，除非你完全沒有購屋或不動產的需求。

【任何的行銷模式都沒有是非對錯，因爲在第一線或承接銷售工作者，要的看的永遠都是結果論，建商或業主也是如此。證明能力價值的一切都是成績，而非過程，而且建設公司與代銷都屬於高投資門檻的產業，誰會跟自己的身家過不去呢？所以不要期待有公平的結論，因爲市場上的供給與需求在房市熱絡時是沒有公平與正義的存在，在房子有限買方無限的條件下又該如何公平呢？唯有快速完銷才是眞理。】

# 『工作與事業大不同』

| #業務態度 | 鴻鵠之志

何謂工作：食其祿，做著一日復一日不盡相同的事，拿著有限的薪資。
何謂事業：發其祿，戰戰兢兢背負生死之責在經營，掙著拚下的收益。

每個人都會有初心者開始萌芽的過程，也總都會有不同的際遇跟機運，但並非人人都會有著相同的結論，這樣的差別，其實大多是落在心態與精神上的迥異，這一切都要看在自己如何定位自我的人生，又如何定義自己是抱持甚麼樣的態度在工作上。

這個世界上，想當老闆的人滿街都是，但又有幾個可以成就爲一個組織或事業的首腦又能持續長期爲穩的生存下去呢？身爲創業者，眞的有這麼容易嗎？又或是只想享受上位者的權力卻壓根沒想過該如何把路走大走遠呢？

在不動產的領域裡，有的人是三歲定八十、有的人是走一步算一步、有的人是今朝有酒今朝醉、有的人是好高騖遠、有的人是投機取巧、更有的人是在荒廢光陰，但也有的人是高度自律的在不斷充實、也有的人是爲目標正在努力奮鬥著、也有的人是潛沉於浮海底在累積實力、更有的人是爲了走向成功的方向在堅毅不饒中。

如果你從尚稚嫩時就開始把工作當成事業來看待，那必定大放異彩。
如果你從來都不曾把工作視爲一種事業來面對它，那必定可有可無。

試問，誰不想出人頭地？誰不想發財致富？誰又不想平步青雲？誰又不想有著一定的社會地位？誰更不想有能使自己與周遭的一切都能盡如人願？卽便是那些虛榮的、表面的、物質上的、無形的，這種種的一切，哪一項不是要靠自己的雙手來爭取？哪一個不是要靠自己的努力去創造出來？

如果你的工作結論只是要做給主管或老闆看的話，那則是不思進取。

如果你的工作結果是做給自己打分數跟檢討的話，那則是大有可爲。

眼下正在看著這篇文章的你，請問目前你又是如何看待職上的工作呢？或是這公司、工作、產業，對你來說又有何意義呢？你是只爲了錢而活？還是只爲了業績而活？還是爲了自己而活呢？

一個眞正奉爲事業的工作精神，不應該是僅爲了金錢而做事、更不是爲了證明給任何人看、當然也不是爲了權力或名聲，因爲那並非可成爲支撐長久熱情的動力來源。它勉強可以當成短暫時期的追逐目標，可讓你達到目的了，又能如何？以後呢？未來呢？

當你年收可破百時，就該挑戰下一次雙倍的結果。
當你成績優異之時，就該挑戰下一次三倍的結論。

人生不就是如此嗎？越滿意自我的表現，危機就會浮現。越喜於階段性的目標達成，怠惰懶散就會開始。越陷入陶醉在高峰端的成就裡，就越無法再創造下一個高點。

勞方與資方永遠是對立的，勞方總是會嫌資方給的不夠，資方也會嫌勞方的產值不夠，兩者間的立場若不能將心比心、換位思考，則難團結共識。尤其在一個業務組織中，要做到三贏的管理層面，並非那麼容易。法軟、則人弱，法硬、則無情，何不轉換個思維：勞方以實際能創造產值的多少當作爭取籌碼，資方以實質的正面收益來當作分潤條件。公司有賺錢老闆少分一點則皆大歡喜、反之沒賺錢部屬多該反省自歛一點則可百戰百勝。

做事業者與單純工作者的拚勁可謂是天壤之別，前者會將公私時間都大量投入於此，深怕光陰跟機會稍縱即逝。後者根本沒有時間觀念，浪費揮霍掉都無所謂。所以兩極化之後很容易從人的本質身上散發出極爲明顯的對比，強者恆強，弱者恆弱，然而在人性的框架之中，那些吳下阿蒙能否可以事隔三日、刮目相看的真的是少之又少。

工作，是人類必須得分支時間出來要投入的行爲，是爲了生活，也爲了家庭家人，更是爲了基本生存，如果空有欲望跟夢想，卻不去實踐，那永遠都是在癡人說夢。既然不可能不靠工作來維持家計與開銷，何不極端一點試著讓自己出人頭地呢？何不從年輕時就發奮圖強呢？何不即刻開始把它當作是一份長期的人生事業呢？

【人，這麼辛苦地活著是爲了甚麼？不過就是好好的吃頓飯嗎。每個不同高度的階段都會有著不同的煩惱，只不過身處的位置跟角色的不同，這所謂的煩惱也就會跟著升級，但至少你已經可以輕鬆解決那些不重要跟低層次的問題了，同時抗壓性也會是今非昔比的成長。所以有能者除了才智產值之外，更重要的是你能解決事情的難易程度已非一般同事可勝任，漸漸地也就可以突顯出自己所認眞努力過後所創造的被利用價值所在。相對的，你該感謝周遭那些只把工作當工作的人們，因爲他們造就對比出了你的競爭力，雖說如此，但人更應該要追求與經營更強盛的自己。】

# 『自律是一場發動對自己的戰爭』

｜#業務態度｜唯有自律才有自由

自律：是一種自我折磨與砥礪，也同爲是人與人之間競爭力優劣的主要來源，越能散發出那種讓人稱羨的光芒，其背後更藏著許多不爲人知的苦楚，人類也總是擁有著無限的潛力，人的本質也無高低之分，只差距在於究竟可以自我壓縮到甚麼程度。

自由是有很多種不同的意義，也針對每個人的企圖心跟需求有著更深的解讀，但無論是何種自由，它都必須要用某種代價來交換。

時間上的自由、經濟上的自由、思想上的自由、權力上的自由、主宰與分配周遭人事物的自由、人生上的自由。現代人嚮往著小確幸，似乎沉溺在那種能力成就不足下的自我欺瞞是種幸福，卻往往忽略掉到底何謂是自己的理想與夢想。

自律也延伸至各種自身的作息與習慣，這種觀念如何被強迫成爲常態，還得要看每個人的性格與覺悟，一種到底是否可以有把自己想做的事或目標必定要達成的決心。如果沒有這樣的基礎，就很難可以造就一個會滿意的結論。

做自己不想做的事，就是改變。這是自律。
做自己做不到的事，就是突破。也是自律。

把工作的一切都當作減肥來看待，其實也沒那麼困難。人們很常會看到那巨大又遠不可及的目標都會想著自己應該辦不到做不到或各種負面不可能的想法充斥在腦中，導致無法凝聚決心毅力。可所有的大成就，都是由許多的所小成功累積而成，所以自律的基本條件，就是耐心與耐煩，要有可以承受住來自心聲中各種抱怨的態度。

每天都能瘦個幾百克，遲早能達到理想目標，時間問題。
每天都能苦個幾小時，遲早能練好打底基礎，時間問題。

以此類推，自律難的地方在於要長期維持，甚至即便沒有太明顯的進步還是要保以初衷，在無形的心理與精神層面更要保持高度的專注力來堅持下去，久而久之自然能培育出高度的抗壓性跟一定程度的專業能力。用在自己人生其他的事物上，也會有出乎意料的好成果。

這場戰爭，是很辛苦的，尤以在於工作上，更能突顯出人與人之間的差異性，在表現與成績上，總是會有著截然不同的結論。不服輸的人，怎樣都不會輕易認輸。愛埋怨的人，怎樣也都會一直埋怨。愛怪東怪西的人，怎樣也都不會去檢討自身。

業務，更該如此，更該自律，更該高度要求自己。
最好從入行時就開始，最好從現在馬上開始，最好從甚麼都不熟悉時就開始，也最好從心有餘力不足的當下開始，更最好從業績不順時開始。

滴水成河、聚沙成塔。如果每天都在訓練自己的口條，何懼口齒不清？如果每天都在練習銷售流程，何懼介紹不伶俐？如果每天都在模擬答客問，何懼無法轉負爲正？如果每天都在上課請益，何懼不會有進步？如果每天都在打電話，何懼沒有來客？如果每天都在檢討客戶，何懼解決不了問題？

怕的是甚麼？懶得做、不想做、不願做、自以爲自己可以不用再做、覺得累、覺得可以了、覺得麻煩，所以放棄了自律，所以放棄了土法煉鋼，所以放棄了基礎的重要性，所以放棄了不斷學習成長的動力。

每一個你所羨慕的人，不管他們的生活有多麼優渥，這都不會是從天而降的不勞而獲，再多的機會跟運氣，沒有經過努力與自律，那也是徒然的。與其要稱羨他人，不如去學習他們是怎麼做到的，又或是去了解他們又有甚麼跟自己不一樣的地方。

自律是一種廣義的統稱，自我虐待、自我壓縮、自我磨練、自我要求、自我檢討、自我審視，每個人對自己都會有個分數，有些人希望能追求到100分的完美，但大多數的人可能60分及格了就馬虎帶過。但人人都會有著自己的美好藍圖，可想過如果你對自己都是得過且過，那理想該有多遠？不改變這樣的態度，也許一輩子就只不過是個平凡無奇的人或人生。

爲何要做不動產，爲何要來賣房子，不就是爲了賺錢、賺大錢、賺獎金嗎？這些財富的依據是甚麼？是業績、是能力、是產值、是被利用價值。可這些東西是能一蹴可及的嗎？其實不然，這都是背後大量的耐心與時間跟努力而換來的結論，這也是必要性的過程跟所要付出的代價，成果越大，代價就越高。自由程度越廣，自律要求就越要徹底。但能正視這因果邏輯關係的人，可能就沒有那麼多了，畢竟長期上緊發條這件事會令人疲乏，而人在有了短期收穫後都會自得意滿或鬆懈大意，所以自律同時也包含了強人精神跟永遠挑戰自我的意志，與常態讓自己的身心靈都處在戰鬥跟奮鬥的狀態，於此時間過去之後，上天自然不會虧待你所有的努力跟犧牲。

【人皆生而平等，無論高矮胖瘦還是聰明與否，都不會是自己成長與成熟速度上的重點，後天的因子往往都能刺激人類的潛力。是的，每個人都有屬於自己的潛能，但要將它激出的責任不在於你的周遭人或環境上面，而是在於自律，自我約束的能力。如果你漸漸發現自己開始願意做起那些原本自己不願做的事，那就是成長，於此遲早你能做到自己做不到的事而成爲突破來成就些甚麼。所以不需要去在乎你現在是個甚麼樣的人，而是該著眼未來你要成爲甚麼樣的人，但倘若你都抱以明日復明日的態度在放縱自我，那時間遲早也會給予你沉重的現實打擊，改變不難也不遲，只在於要與不要。】

# 『銷售十勝』

| #業務態度 | 贏家特質

有人說，三歲定八十，性格決定命運。但在此之前，後天的觀念思維可以影響良性習慣，而習慣可以改變個性，最後在成就足以創造命運的性格。人的先天資質與優勢，是與生俱來、是上天所賦予的，但即便有著不公平的起跑線，但未來卻非以此可定義絕對性的結論，後天的努力與進化，才是勝負關鍵也才是贏家態度。

1.信心：無論是要賣甚麼產品，既然你是負責承銷它的業務，你就該對它要充滿無比的信心，因爲你是它的代表人，如果你自己都心虛的話，又該如何去充分把它的好用最完美的方式表現出來呢？其次是對自我的信心，要相信自己。過度的自信是驕傲，不足的自信是自卑，這份精神任何人都無法言傳也給不了你，它必須要靠自己建立起健康又紮實穩重的心理素質。一個沒有自信的第一線，是不可能會有好成績的。

2.效率：工作態度決定了效率上的差異，如果無法將事做得不拖泥帶水並且完善快速，那在執行銷售的任務上就會缺乏競爭力。思考一下，工作的時間總是有限的，但你能在這段期間內做多少事卻取決於自己，如果可以塞滿你的行程且將每組客戶都全力在經營，那麼你的勝率就會比別人高。如果你能將他人做一件事的時間來做好三件事，那麼你的產值與或然率的機會就會大出數倍。如果你能在別人進一步的時候前進三步，那麼你的成長速度就會快上許多。總之與其在計較誰運氣比較好，還不如想辦法提升自己的工作效率吧。

3.靈活：業務，舉一反三的臨場反應可以在許多狀況下化險爲夷，也能在許多膠著的泥沼漩渦裡殺出血路。腦袋是活的，嘴巴也是活的，不要讓自己習慣於那種不能獨立思考的依賴跟任性，靈活的反應除了經驗歷練之外，最主要還是在於自己要不要去跟上那種快速的跳躍性節奏。山不轉路轉、路不轉人轉、人不轉心轉、心不轉腦子要會轉。

4.勇氣：冒險是一種賭注，更是一種挑戰

精神，如果都龜縮在殼裡那樣般的保守，是無法闖出一片天的。業務也依然是如此，要勇於在任何模糊不明的狀態下都要去試圖戰勝它，不進則退，沒有不上不下，只有積極向前行。對於自己想要做或認爲可以做的事，沒有第二句話也不需要逃避與害怕做就對了，任何一個成功或偉大的業務員，他們都帶著勇者般的冒險精神再不斷地突破自我，如此，你還要再爲自己找甚麼藉口推拖呢？

5.放下：眾所皆知，業務普遍都有個通病就是「愛面子」，尤其在不動產的世界裡更廣爲是這樣的人，打腫臉皮充胖子的也好，嘴上不服輸的也罷，總之要放下面子這件事對很多人而言是極爲困難的。好似誰看不起我就像被鄙視忽略或蒙受極大的委屈一般，但照照鏡子吧，如果今天你能以一個壓倒性的實力存在於社會之中又帶著虛懷若谷，誰不會敬你三分呢？名人云：「當你能夠放下面子賺錢時，說明你已懂事了。當你能用錢賺回面子時，說明你已成功了。當你用面子能賺錢時，說明你已是個人物了。」

6.刻苦：業務工作本質就是個勞碌命，都是以賺錢或業績爲主要目標的產業，有做才有機會賣、有賣才會有收入、不做不賣就是吃老本。既然如此，你又爲何要怕吃苦呢？又何須要嫌疲憊呢？如果不刻苦耐勞，難道天上會掉下成交的訂單給你嗎？你的懶惰不會是一種公平，你的渙散所帶回來的結果肯定是難嚼的，要想成就自己的理想，就讓自己的身體先嚐盡工作所帶來的各種苦味吧。禁不起一番寒徹骨的人，格局永遠是有限的。

7.把握：機會總是稍縱即逝，善於把握機運的人，總是能夠事半功倍。古代戰爭彼此之間講的是掌握戰機，能夠精準抓住的人往往都會是常勝軍，反之老是遲鈍於不懂得怎麼順機直上的人，就會浪費許多時間在打轉。在我們身邊周遭的人事物，其實都有許多有利於自己的潛在機會藏在裡面，很多時候，機運都在於自己的慧眼裡，當你漸漸能夠理解之時，順遂的未來將離你不遠。

8.時間：業務行爲如同是做一場場小型的生意，跟生意人的立場與思維差異不遠，對於買賣，時間就是金錢。無論是將它用在哪，時間一旦過去是再也不可能會回來的，既然它等同於是金錢，那是否你將它白白浪費掉也是在耗損掉自己的有利資源呢？時間它是可以被交換的，如果你將它轉換成其他的價值上，比如充實自我、比如妥善利用、比如有效發揮、比如用在奮鬥與經營上，不管是哪一個，時間終將會給你一個最實際的答案，反之倘若數年過去了，你依然一事無成，就代表你一直在浪費它也完全不懂得珍惜時間。

9.眼光：未雨綢繆，預先做好以後的準備，而非著眼腳下的現在。做爲一個業務，必須要不斷地審時度勢，預判可能會發生的事，也需要有危機意識，無論是好又或是不好的未來，都得要試著擁有精確的眼光與判斷能力。想別人還沒想到的事，走在他人的前端，在今年做好明年的計畫，尤其在瞬息萬變的科技現代，就得更要懂得在反對聲中堅持自己的見解。

10.總結：成功的人一定都會有這樣強迫追蹤自己進度與檢討各種結論的習慣，不管那是一個失敗又或是可以被認同的過程，在獨處時總是會充滿著今天到底度過了些甚麼的思考。要做好一個讓自己最滿意的自己，唯有不斷檢討自己所有的行爲總結，才能在錯誤中修正，更可以在自得意滿的時候再重新歸零。

【業務如人生，人生也同業務，無止盡的再追逐更高遠的目標，也沒有畫下句點的那一天，也是一個永遠都在創造進化的行業。但也因此它並不是一個單純膚淺的工作，它是可以反應自身一切的職業，它的存在價值不僅只是在業績表現上的成就，更是要在自我修行砥礪中打造一個屬於自己心中的小宇宙。假如這十勝竅門能夠做到做足，那在這條路上，你終將會是個人上人。】

# 『成交關鍵在業務不在產品』

| #業務態度 | 心態決定業績

如果賣房子靠的只是品牌、地段、產品力、景氣或運氣的話，那該如何區別自己所努力的價值程度在哪裡呢？假使沒有你的關係，這一組買方是否跟任何人接洽都會成交呢？還是客戶就是因爲你而買？

業務，究竟是爲何而存在，又是爲何而戰，又是爲何而被需求？這是身爲第一線的每個人都該思考的問題，因爲業務這兩個字的深奧，是極其一生都無法探究到底，也永遠沒有畢業的那一天，即使你已取得了經濟或事業上的成就，也無法否認這件事。

賣房子，一個金額這麼大的民生必需品，一個正常人可能一輩子只會消費這一次，它有這麼容易就被成交嗎？它有這麼隨隨便便就能促成一筆買賣嗎？有句老話不斷被見證於不動產的世界中：海水退去以後就知道誰沒穿褲子。意思是偶爾的成績，不該自滿，眞正的高手會自我要求不管是景氣好還是房市冷，他都能夠保持一定水平的結論，也甚至會無視環境優劣繼續創造更高的巔峰，因爲他們在追的是未來的自己與永遠不間斷的進步。

偶爾的第一名不算甚麼。每個案子都能第一名、每次的第一名都能夠占據總銷售額的三成以上、自我業務表現數據都是第一名，如此才是實至名歸的常勝軍。

強者的思維與抗壓性及自律高度不是一般人可比擬的，因爲他們相信，靠人不如靠自己、靠環境不如靠自己、靠產品先天條件優勢不如靠自己，唯有無限的認眞與努力，才可以突破再突破不一樣的境界與領域，假使沒有與衆不同的能力，又該如何從八二法則中的八二法則裡脫穎而出呢？

品牌力夠強的建商，不需要業務。
產品力夠好的產品，不需要業務。
時機非常熱的市場，不需要業務。
充其量你只是個解說員、介紹員、跟行政售服工作者罷了，因爲買房搶購、排隊，都是A型客戶與消費者的主動行爲，不是因爲你，也不是因爲業務行爲而促成的買賣。當然在這些狀況下所產生的成績，其實也不會有太多的成就感，因爲房子太好賣了，因爲賣房子太簡單了，因爲這工作任何人都可以取代你。

代銷公司的任務不是只在於賣那些好賣的戶別也不是只賣那前面的3、5、7成，而是要將承接下來建案的所有房子全數完銷一戶都不剩，但往往尷尬的卻是一個案子的銷售過程中，必定是越賣越難賣，因爲後面的戶別通常都是別人挑剩的，自然有它的難度存在。甚至在時機熱絡的時候，建商還會一直調漲，以至於不僅是賣剩的，而且還越賣越貴，所以如果身爲第一線的業務只會賣那些好戶別的話，乾脆別幹了。

誰說要配合客戶的要求才是行銷呢？在買賣的過程中，要把買方當作是狗，而你就是要牽著狗的那個人。或者當作是個風箏，而你就是拉著線的那雙手。不是客戶要甚麼你給甚麼，而是你想賣甚麼給客戶都行，你要他買頂樓他就成交頂樓、你要他買露臺戶他就買露臺戶、你要他買四房他就買四房、你要他買兩個車位他就買兩個車位，這才是「業務」。因爲我們存在的作用與價值就是：甚麼都東西甚麼產品甚麼地段甚麼價錢甚麼品牌，都要會賣，而且都要賣得很好，業務沒有挑選與過濾客戶的資格！

銷售團隊之中，彼此之間也是業績上的競爭對手，想想第一名要如何在大家接客量差不多的狀態下占據高額的個人業績與總銷？除了成交率要高之外，最關鍵的就是你能夠比別人有極快速適應去銷售各種類型產品的能力與非常周全妥善的人性應對技巧，這也是一種態度，倘若你與同儕之間的心態都是一樣的，那也不用想著自己能夠爭取到多高的獎金，你只不過是個相當普通的業務員而已，同時你也無法以最短的時間來賺到最大的空間，只能依賴運氣跟時間來慢慢達成自己的成績，自然表現也就沒有甚麼太特別的地方了。

要永遠把一個原則放在心裡來要求自己，

客戶是跟你買房子、跟人買房子、跟業務買房子，而不是因爲「產品」相關的一切而買。
有人會因爲業務的失敗而感到消費不快導致放棄購買。
有人也會因爲業務的兢兢業業與服務來買下這一間屋。

所以不要把自己無能的掛蛋成績都歸咎在其他人事物上面，一個業務的成長與成熟，都必須將那些所有的結果論都放在自己身上。業績好，是因爲你的努力，業績不好，當然就是你不夠努力，沒業績，那根本就是你沒在努力！因此業務要具備高強度的抗壓性，這是很基本不過的心理素質，因爲那些輝煌的表面與所謂的TOP sales，全都是這樣擠壓出來的。沒錯，人的潛力就是逼出來的，所以你有沒有要戰勝買方與消費者的決心、你有沒有要挑戰自己極限的毅力，就是輸贏的關鍵。

業務就該要突破所有抗性。
業務就該要會賣所有產品。
業務就該要解決所有問題。
業務就是要搶時間賺業績。
業務就是要無視環境景氣。
業務就是要勝任所有任務。
業務就是要有無限的熱情。
業務就是要有如勇者無懼。
業務就是要充分利用時間。
業務就是要把自己當狗操。

如果做不到，那麼你只是個擁有這個職稱，偶爾賺點獎金，然後浪費大半青春光陰在不知所謂的一般上班族而已。對代銷的人事配置來說，講難聽點的你就只不過是個顧場子的大姊罷了。

自己不改變，燒香拜佛都幫不了你。
自己不努力，改名換姓也挺不了你。
自己不認眞，神仙大師也救不了你。
人，一定要靠自己。業務，更要靠自己。

【業務門檻低，但卻可以提供一般人可以成爲人上人的機會，也永遠是師父引進門，修行在個人。能走到甚麼高度，並不在於帶你教你的人是誰，也並非在於甚麼環境之中，所有的一切榮耀，都來自於你的努力有多少。如果你對自己的收入與業績不滿意，那絕對不是公司的問題、更不是產品的問題、當然也不是客戶的問題，這永遠都是自己的問題，你應該要對自己的表現有所檢討，爲何別人可以你卻不行，爲何你的成績無法突出，爲何你不能夠爲自己爭取到一個冠軍獎盃。很簡單，因爲你不夠努力也不夠認眞，或者，遠遠還不夠。】

柒

# 從業經驗

『建商品牌矛盾』

『不動產沒有穩漲』

『建材的意義』

『買房不會賠，打房更不會賠』

『第一線眞人眞事分享』

『中古屋齡黃金期』

# 『建商品牌矛盾』

| #從業經驗 | 買方看到的有限

消費者對購屋建商的品牌力越來越重視，主要還是因爲在資訊傳遞的速度太快跟太過於便捷，讓買方普遍可以從網路就能輕鬆知曉眼前的建設公司是否爲可以讓自己放心的選擇目標。

但往往好事不出門，壞事傳千里，好的口碑都需要時間與過程慢慢累積出來，但不好的經驗或令消費者觀感不佳的服務過程卻會被瞬間放大檢視。所以爲何品牌好的賣方，價錢有資格賣高於行情，因爲它值得，也因爲它們辛苦熬過去的陣痛期已經被市場許多的買方所高度認同再傳遞出去，有如此穩紮的實力，並非是花錢包裝就能做到的。

那麼大部分的建商不會只有一個建案，爲了永續經營、爲了能持續營收、爲了能繼續創造利潤，因此現在很多公司都開始在意起自家的名聲形象了，深怕負面輿論會影響後面的推案，但這可是在十多年前的時代所看不到的景象。在過去，建設公司如同大鯨魚、消費者等同小蝦米，後者想吃掉前者，那是不可能的。所以過往時常耳聞許多不公平的買賣與服務事件。可如今時代不同了，消費者崛起，賣方想要再隻手遮天已然是難如登天之事，現在想跟買方來硬的，等於是要給自己找個大麻煩。

對於建商品牌力有何好處？

可足以自行銷售的能力完全不需代銷，因此可多賺取銷售利潤。

可提高產品的成本與售價，讓作品是一個推一個的好上再更好。

可製造品牌上的飢餓行銷，因爲買方會自行一窩蜂的主動追逐。

可定調在業內的地位層級，令自家的理念是一個被學習的楷模。

可以給買方高度的信任感，完善細心的好服務並非人人可做到。

可走出一個新世代的方向，時間更迭之下市場已不再那麼傳統。

在市況上建商品牌力如下：

1.努力認眞且紮實基礎在各軟硬體上。

2.以爲自己在市場上有一定的品牌力。
3.僅爲推案行銷做品牌上的企劃包裝。
4.完全不在意也毫不關心自家的形象。
5.不相信也不想懂品牌對賣方的影響。

1者常態被買方認同，是一線建商且產品售價調性不斐。
2者不一定有品牌力，但會在推案上設定相當高的價位。
3者通常是量化推案，多會以首購宅走高速周轉的路線。
4者已然無所謂形象，只在意當下推案的銷售速度罷了。
5者普遍是小型建商，比較沒有市場策略概念且賣且走。

建築需要進步，建材也需要進步，設計規劃更需要進步，對客戶的服務模式上當然更要進步。與時漸進，現今很多老牌建商、二代交替、大型建設公司，都積極在走向轉型之路，因爲他們深刻知道如果自己沒有進化升級的概念，遲早會被消費者淘汰或是生意會越來越難做。但這份進步，跟人一樣也是有分爲主動或被動。是積極自律有原則的，還是僅限於成本框架走向有條件式的改變，還是因爲競爭力不足的影響下被迫改變，這些差異性都決定著品牌的未來。

試問一個已有大量買方支持的建商，請問你還會在產品上做進化嗎？
A級的公司會。
B級公司卻難。
C級公司更難。

因爲光品牌的名字在未開案就可完銷，或可以極低的推案成本就能售罄，如此收入就可入袋，那麼何須再花錢去追求完美？又何須要大費周章來做更多的麻煩事？反正階段性的生意都已塵埃落定了，幹嘛要再做那些不划算的事呢？

所以消費者的支持，有時候可以推動一間公司走向更棒的結論。但有時候卻反而會讓一間公司走入更爲怠惰無腦的複製貼上。

建築有這麼容易嗎？這個集大成專業於一體的複雜平台，有這麼簡單就可以創造佳話、製造奇蹟嗎？在成本與理想跟市場可接受價錢的平衡拿捏下，做出口碑有這樣輕鬆嗎？

那些被廣爲盛傳一線品牌的建商須有甚麼資格？
與衆不同的規劃。
深度藝術的理念。
精湛美崙的設計。
細心至上的服務。
極度貼心的思維。
耐心打造的一切。
推陳出新的建材。
嚴謹紮實的工務。
主動積極的態度。
以客爲尊的精神。
業內一流的企劃。

這種種的所有，要做到眞正的落實，對一般或規模有限的建設公司而言並非易事，這絕對需要一定程度的時間來考驗歷練。爲何建商總是容易在品質上犧牲再犧牲呢？要則爲了省錢、要則爲了划算、要則沒有概念、要則沒有心、要則想做卻做不到、要則缺乏資源，所以沒有長遠與必然的決心跟打算，想要說自己有品牌力根本是件自欺欺人的事。

水能載舟、亦能覆舟。這句話用來形容時下流行的網路傳媒特性最洽當不過，做對百件事卻不能做錯半件事，因爲網友不會放過你，因爲不理性與極端分子不會饒過你。要在這種消費者當道的環境下還能撐起一片天，實屬不易，要感動人心冷漠的科技時代，除了身體力行之外，還得要帶上無限的誠意與耐心，於此外界對品牌上的種種看法也就漸漸成了許多建設公司的包袱。

那些金絮其外，敗絮其中的建案，如果在購屋預算上能平衡的話，這倒也不失爲是一個好選擇。但若有足夠預算的話，就押寶在一線建商吧，這樣也不會委屈了自己的辛勞來提升跟滿足生活品質。對賣方而言，高級需要成本，對買方而言，高級更需要代價。品牌力雖然是人人購屋時所會追逐的第一志願，卻並非是個人人都買得起的決定，所以盲目追崇那不見得能符合當下人生階段需求的產品是種愚昧，凡事該中庸而適可。

【一成不變與不知不願進步的建商，除了可以拿來做投資投機賺錢外，其實在住的品質跟水準上，還是遠不及一線紮實的品牌。雖然兩者之間的價錢距離依然有著明顯落差，但買方若還是不斷在以消費行動支持這樣的建案，其賣方實在很難會主動去提升自家後續建案的設計規劃等級，如此慢慢地也成爲了一種怪象，建築上的實質等級很有限卻在市場中的品牌價值有被推廣著買到必賺的極高地位。要選擇一個眞正用心在蓋房子的公司並非難事，但若要選擇一個被投資客哄抬還得要排隊搶購的公司，實屬笑話一則。】

# 『不動產沒有穩漲』

| #從業經驗 | 循環再回流

時下為房地合一稅以來最熱絡的房市景氣，不僅是各地新建案報捷，土地與房價也是雙雙齊漲，交易量暴增，看屋信心指數近十年來新高，投資客信心回籠，買房者也樂觀於後市，但問題來了，房價有穩漲的嗎？

任何一項經濟或投資產品，甚至是上市公司的營運，都沒有永遠直線上升的價錢，也沒有任何人可以精準預知未來，不動產亦同。在台灣房地產的發展歷史與變遷中，也從無只上不下的行情，永遠都是在循環，而購屋自用者或投資方、建設開發單位與在這個交易金流上，我們都在是這大圈子裡隨著時間在循流而已，不管房價是漲是跌，簡言之也不過是你的錢流到我口袋之中還是我的錢流到別人的荷包裡面罷了。

物極必反是這世界萬物運行裡冥冥之中自有存在的原則，大好之後總伴隨著大壞會來臨的預兆，大壞之後也總夾著大好即將到來的徵兆，春暖花開後也都會有凋零，秋冬枯萎後也總會有新枝。禍兮福所倚，福兮禍所依，於此在大多頭下不斷無限且快速膨脹的行情並非房市健康之兆，這不過是在等待誰將會成為最後一隻被壓垮的駱駝。

房地產長期以來一直都是許多人的投資工具，非投機。過去並不流行預售轉約賺取價差，所以要出售房子並非是說要賣就可以馬上回收資金，也因此才稱為「不動產」，大家也都知道，要將其變現，都需要時間，持有房產要增值，也都需要時間。哪有眼下這種快速交易隨即獲利的呢？甚至還不需太多的本錢就可創造數倍的投報率，這哪是投資，這是投機。

從任何不動產商品裡所創造的利益，都是由市場最底層的需求者來吸收跟承受，合理的年化增值率，都可以透過時間來消化。但不合理的泡沫膨脹，是否能被消化，就是另個問號了。

人人都想賺錢，這是無可厚非的。每個人

在熱潮之下手上有房子想出售的都算是市場賣方，人性之下，一個賣家有十個買方，自然會坐地起價，只不過每個買家咬牙買單了之後都會有些問號，這麼高的價位後面還會漲嗎？房子會一直漲下去嗎？我會不會是買到最高點的那一個呢？

這是一個無解的答案，市場機制下，很難去預判，也許你還有獲利空間，也許你就此就成為了最後一波高點行情下的買方。往往在極度樂觀的環境後，都會有不可預期的危機來臨，若不慎，貪心的投機者可能會大虧損失，無知的追高自住者也可能會承蒙其槓桿之害，所以擁有正確的心態與觀念意識，是很重要的。

錢要賺得有理，但不可過度貪婪。買房子也須持相同的心情，在趨勢之下，能短期賺得的機會，當作運氣好的外快就行了。置產正道還是在於長期的資金投入養成與累積，隨著景氣循環週期走入下一波不同的行情階段進而出售獲利，跟隨著整體市場買盤支撐起來的不動產投資方式，才是高枕無憂的做法。

十年一轉，每一次谷底後的緩慢爬升都是時間積累出那短暫曇花一現的多頭房市，而後不免再遇重大政策、經濟危機或天災，再次重創景氣。所以房市不可能穩漲，也不可能保證在任何後市會有著絕對樂觀，唯一不可否認的是，超長期持有的確可以穩賺不賠，因為你在中途或遇危的過程中完全不會有財務上的損傷或與民恐慌，甚至還能在行情低迷之中勇於入市跟長期布局，只要是抱持如此態度的人，必定都是能縱橫在台灣的不動產之中是個永遠的贏家，若非如此，那些投機小利貪婪者，遲早會吐回那曾經因貪而獲的利潤到市場上。

若你是個房產自用者，可以將財務配置以長期目標投入在其他房產上做為多年化報酬率的手段，最少比金融產品保本穩定，也至少比定存保險更有獲利空間來以房養產。

若你是個投資置產者，切不可過度拉高槓桿在多頭房產上，以自身能力的基礎來做分配，妄不可因時下流行的預售換約投機就將全數籌碼投入在必定可轉售成功上，購買的每一個標的，最少都要以最壞的打算思量起碼要能貸款貸得下來。

若你是個投機僥倖者，在你所設定的投報回收裡，得要算好若景氣突然反轉下該有何應變措施，如果資金後盾不足以撐起後續要持續負擔的款項，就得要準備要賠售了。

【無論任何理由或動機，買房子千萬不要認爲房價會一直漲或必定漲不停，隨時都要抱有危機意識上的風險管控才是購屋健康的觀念。自住用的話就不需要想得太多，只要沒有買賣上的需求，這段持有的過程中不管行情是上是下，那都是天上的數字，只要沒有變現的急迫性，就根本不需要因負面的恐慌環境來讓自己損失，如此長期而言，自然也就有選擇權跟籌碼來與市場談判。既然不該要認爲房市會穩漲，當然也不該要認爲房市會穩跌，正反都該客觀一線，自己若有充分的準備，其實漲或跌你都不至於會害怕與擔憂。】

# 『建材的意義』

| #從業經驗 | 好價錢需要理由

從消費者的出發點來看，每一個人都希望自己買的房子要很划算，要物超所值，但畢竟買方都不是建築專業者，無法清楚深知到底成本從何而來又該如何計算，也無法判斷甚麼樣的建築設計或規劃是有多少價值。於是最簡單的方法就是看建商給的標準配備與建材是何品牌又是何種設備跟等級來做比較。

假設你有過自地自建的經驗，就會發現甚麼叫做成本的堆疊。如果眞能給予消費者所理想的一切，那必定所費不貲，其實這邏輯跟自宅裝潢是一樣的道理。你可以把室內打造成自己的夢想宅，但費用會驚爲天人，所以爲何大部分首購型的中古屋裡頭的傢俱與設計或設備都偏陽春簡單，因爲鮮少人會在尚未到換屋的坪數之前就花大筆預算去提升住家的使用品質，能夠用就可以了，不需要到頂級。

對於建商而言，當然也是以此做爲推案規劃上的出發點。不過近十年來，其實在建材上的基本等級都有很明顯的提升，包含被詬病爲最負面品牌指標的寶佳，也都開始使用了進口品牌，這些改變也都是爲了讓買方有更多在消費划算上的體認。

在建案的調性上，如果單價已經無法調控到親民的程度時，不如提升些許售價來拉高所有的建材等級，還比較能夠取得市場上的認同。

舉例土地取得成本已決定至少要賣到40萬一坪以上且高於行情的房價，那不如將售價拉到42萬用以提高營造預算，給消費者更好的東西也有更多的賣點來廣告行銷，這樣的做法比起原設定40萬低成本的勝率還高得多了。爲甚麼呢？因爲買方根本看不懂也不想知道賣方土地到底花了多少錢，他們只想知道你可以給我多少東西，或者給我的東西有多好，如果還是廉價國產品或相當普通便宜的建材，那很難說服買方認同與購買的。

營造或建商，成本的管控技巧是非常重要的，每一個大規模與成功的建設業，都是因爲精於計算商業建築的支出細節與收益空間來創造成就。產品是拿來賣的，不是拿來自己住的，生產過程中的數字遊戲，都是從小到大環環相扣的投報效益，每一項建築上需求的一切都是經過相當精打細算的考量才會決定，在好賣與好賺或好品質與好口碑之間來平衡最終結論。

要知道，消費者希望房價便宜之外，更希望你給他的東西不是廉價品。如果有選擇性，最好我的房子有很多特殊配備、進口品牌、高檔材質、玻璃樓板有多厚就給多厚、設備最好全都是精美奢華，但事實上有可能如此嗎？

以40坪的二房來估算：
一套國產低等廚具不用5萬、國產高等廚具不用10萬、進口低等廚具不用15萬、進口高等廚具要價20萬以上、進口頂級配備廚具要價30萬以上，前後極限可差6倍以上。
同理，衛浴設備也一樣。更別說其他的常見的窗戶品牌、玻璃類型、樓板厚度、樓板材質、隔間種類、室內高度、軟水淨水、全熱或全室除溼、防霾紗窗、空氣過濾、中央集塵、制震、電動曬衣架、智慧系統、高檔玄關門室內門、弱電、大門鎖與室內門鎖、地板地壁磚、電器品牌等等，假設這些預算都要提升，那就是非常恐怖的成本堆疊，要滿足消費者百分百的理想，這可能每坪要價5萬以上都不爲過。
消費者往往都會回一句：哪有這麼貴的。
當自己發包自建來一次：就知道眞的貴。
前者總是認爲賣方給的都太少，後者才會理解甚麼叫取捨。

在銷售立場上，也總會希望建商建材給越多越好，畢竟房子要好賣，就得需要多點牛肉來說服買方，而消費者看得也是如此。所以很多時候賣方會將看得到的東西給予知名品牌，看不到的東西就截長補短，反正消費者也看不懂，矛盾尷尬的也在於此，因爲即便建設公司給的全部都是好建材時眞正能理解那些高檔品內涵的人其實也不多，甚至介紹一大堆也不見得聽得下去，於此這也成了不少建商老闆拒絕提升建材的理由之一。

珍惜願意使用好建材的建商，因爲會堅持某種等級水準的賣方，都會有最少要給客戶好東西的文化理念。很多時候消費者也要改些觀念，羊毛永遠出在羊身上，不管是何種建材，建設公司所進貨與使用的單價絕對會比你自己去零售買入還要低很多，如果老是認爲那些配備是賣方的義務，那你眞的很難可以去眞正理解好建材的價值在哪。

在實際的居家使用上，高等建材的確會提升不少的生活品質，不僅更耐用實用好用，在隔音或感覺上與較爲便利性的設計也都與一般產品不同。所以爲何現代人在看房與各案比較上都會特別關注詢問建材配備，講白的，如果一個建案的售價沒有特別高，但用的品牌都還不錯，即便外觀與公設差一些，對買方而言那也還都是個CP值不差的選擇。

除此之外，房子也呈現了買方的眼光，也代表著某種虛榮心態作祟。畢竟未來都會有家人客人來訪，看到家裡都是非一般的建材配備，自然會認定這不是太一般的房子，如同去到五星級飯店是相同意思。倘若你買的建案賣方給的品牌都很高級的時候，視覺觀感必定與國產品會有非常大的落差。

【如果建商想賣到某種價錢，我們會建議使用更高階的建材配備。如果建商想打知名度與建立品牌價值，我們更會建議使用好東西。如果建商沒有品牌力又想賣高價卻想省建材，那種建案的競爭力與市場被認同度跟包裝彈性都會非常差，當產品力在區域比較上是個吊車尾的選擇性，那講難聽點的就是要等別人都賣光了才輪得到你，或是只能期待盤子凱子來入甕了，除非建案地段位置非常好，否則要想順銷就會是種奢侈的想法。好的建材在銷售上如同強力的武器，工欲善其事，必先利其器，所以要想創造價錢、利潤、品牌的高度，就得先把基本建材配備也同等地要跟上你想要結果的腳步，不要再欺騙自己國產品會有多強的說服力，那只有成本可以說服建商而已，卻無法讓消費者感受到價值。還不錯跟很好與非常好，都是完全不同的定義。】

# 『買房不會賠，打房更不會賠』

｜ #從業經驗 ｜ 觀念

有不少人責怪不動產不應該成為投資工具，房子應該只為居住所存在，跟自用無關的其他購買動機都是褻瀆房產的用途。所以每當房價上漲與景氣好的時候，某些人就會跳出來轟炸這些空間全是炒作。每當房市低迷的時候，雖然這些負面聲音少了些，但也不見這些人就會進場購屋，因為他們始終認為房價可以低再更低，便宜再更便宜。

如果你擔心買房會賠錢，其實你已落入資產上的概念循環。
如果你煩惱打房會降價，其實你已不認為房產僅自用功能。

假使你覺得不動產如上述不該成為投資工具，你又何必擔心賠錢蝕虧或跌價呢？豈不矛盾？假使你覺得房子只能夠做居住使用，更不該執著在眼前的房價，除非你認為空頭時有利可圖，除非你認為買後還有上漲空間，否則何須去在意上上下下與來來回回的行情呢？

如果不動產沒有了投資空間，賠不賠重要嗎？反正都是拿來住而已。
如果房地產沒有了漲跌循環，降不降重要嗎？反正你又沒要拿來賣。

醒醒吧，這個社會上與台灣跟華人對於房產的認知跟理財觀念，你永遠無法拒絕這就是大部分人會使用的置產工具，所以才會有句話叫做「只要有中國人的地方房子都會漲」，你也永遠無法抗拒市場上的需求，不管它是否來自於首次購屋的剛需、換屋、投資，你改變不了環境，你也控制不了這就是種經濟正向循環，你能改變與控制的只有自己對這方面的想法與態度。

撇除掉投資市場上的熱錢膨脹，房子不會賠的主因在於原物料的通貨膨脹，此也包含了土地與營造成本，光這些施建源頭的基本因素就是年年在上漲，即使沒有任何人為或其他單位的炒作哄抬，房價就必定會因此逐年上升售價行情。就算中間過程可能會歷經大環境事件影響景氣波動，但只要沒有因缺錢或槓桿失衡而需要變現的一天，時間一定會告訴你一個眞理叫做「不動產是穩漲不跌的絕對性理財工具」。

打房也許是爲了對社會交代，也許是爲了政治或選舉，也許是眞的要讓房市降溫，但無論何者，截至目前爲止所有的打房政策，都不至於對行情有直接性的影響。會讓交易量萎縮，會讓房價有些許的修正，會讓買氣氛圍冷凍，但沒有針對成本根源的打房其實眞的不算是打房，所以要符合消費者對房價有很大打擊的期待是非常困難與實現的。

對於已經持有房產的人來說，其實也不用太擔心打房會否讓自己的資產縮水，嚴格來說不過就是在調配市場上的金流罷了，讓不動產回歸正常的特質、讓不動產避免成爲人們用做短期投機買賣的管道，讓房市穩健趨緩漲，這才是我們現在面臨所謂的「打房」。它是在調整，就像是人生病發炎時需要休息、需要治療，而非給你安樂死，因爲政府深知不動產所牽動的經濟循環是不能夠讓它躺平的，因此那些帶著不切實際的認知跟期許的買方，你也永遠看不到所謂的打房可以讓你的購屋預算提升或滿足自備門檻不足的問題。

不用煩惱房地產在週期上的行情波動問題，不管是否有國際級的金融風暴，還是不可預期的嚴重天災，又或是相關的限制政策，房價一直都是在循環著，有上必定會有下，有漲也必定也會有跌。但既然會被稱作爲不動產或有其高度保值的特點，持有者在面臨房價修正時要冷靜毋須恐慌，在房價上升時理智做好財務滾動的調配，只要有正確的理財觀念與穩妥的使用槓桿，基本上在台灣長期持有不動產的人，永遠都是贏家，無一例外，所以富者恆富，有房子或慣性在投資房子或土地的人都是越買越多，雪球越滾越大，因爲他們不會受輿論影響，更不會受民粹左右，也不會聽到那些需要居住正義的聲音。有錢人只會依循成功與不敗的法則一而再再而三的累積財富，相對的輸家如果不改變自己的話就很難可以搭上這列車，自此M

型化當然也就越加矛盾。

為什麼有很多人難以接受這樣的論點呢？或者不管怎麼去客觀而論都無法吸收呢？因為現實讓有類似體驗的人無法吞下去、因為大部分的人們無法正面去承認自己的不對或失敗，反之有因買房而嚐到甜頭的人，十之八九都會食髓知味。跨那一步有多難，當你曾經有機會買到10萬一坪的時候鐵齒沒買，到了20萬一坪就更難決定，到了30萬一坪又該如何去面對呢？幾年過去了，也不見房市發展像自己當時所堅持的那樣會跌價，十幾年過去了，開始奇怪為何房價依然不斷上漲，如此一直陷入在負面思維的泥沼下，總該開始想想如果早期有買現在會如何？中期有買現在會如何？可在眼下，他們必定還存在著這個想法：房價漲太多了，明年必定會跌，後年必定會降，大後年必定會崩盤。

不動產金流鐵律：
房東拿你的租金在繳房貸。
銀行拿你的存款在放房貸。
你的薪資與收入都沒起色。
基本開銷成本年年都在漲。
所以成了這樣的結論：
你辛苦多年的薪資不漲可生活成本越來越高，存款效率越來越低，好不容易累積的儲蓄被銀行以低利率大肆放款出去給人買房炒房或投資，不見增加且有限的收入卻拿去給房東養房子，自己租的這間屋子一年一年的房價跟行情不斷在提高，可我的口袋與錢包卻被通膨吃掉自己的人生時間。

【如果你曾經在過去是首購族而到現在還沒買，請放下所有對房市會跌而觀望考慮的想法，因為你沒有時間拿來跟市場對賭。如果你現在就是剛要準備買房的人，也該同理看待，最少你會好過一點因為在房價曾經尚未上漲的時候你還沒有那個需求，可若你重蹈這些無屋族的覆轍也在浪費時間的話，那麼幾年後或遲早你也將被迫要接受現實。單純一點，自住來說，買房不會賠，打房也不會讓你賠，長期置產也一樣，台灣的不動產資本社會就只有兩類人，一個是死不買房的輸家，一個是房子越來越多的贏家，要成爲哪一個，誰都幫不了你，誰也不會幫你，只有自己的觀念與態度能夠幫助自己。】

# 『第一線真人真事分享』

## ｜#從業經驗｜自住客迷思

消費者的迷思總結：

1.要馬兒好又要馬兒不吃草。

2.沒有也不想要有成本概念。

3.建商賣方不應該賺我的錢。

4.預算總是跟不上你的眼光。

5.花錢的是老大沒禮貌沒差。

6.爲了小錢沒信用也沒關係。

7.臉皮堪比城牆乃至不知恥。

8.學歷越高越不懂做人處事。

9.要享受服務但又不想付錢。

10.口袋空空卻想要天馬行空。

雖說沒絕對，但往往缺乏購屋經驗的人，都普遍會有一些不是很健康的想法或思維，可以說是一種自私，也可以說是一種無知。但其實回過頭來想，那自己曾經在買房過程上很可笑的言行，不過就像是個孩子罷了，既任性、又天眞。

案例一、

甚麼叫信用？甚麼叫承諾？簡言之就是說到做到，通常買方都會希望賣方可以如此對自己說的話負責，賣的產品內容不能被改變，做生意要誠信，賣房子要有良心等等。但你希望賣方這樣對你，賣方同時也會希望你這樣對他，因爲信用是雙向的，可當往往消費者後悔的時候，老爸老媽都能出賣，誰又會想遵守承諾或白紙黑字呢？

在訂購房屋時，爲了能夠便宜點都會與賣方做議價上的談判，當買方很滿意取得成交價時，賣方不僅口頭強調甚至額外但書跟在訂單其他條件上在另立簽名條款，叫做不得退戶與變更。心歡意滿的當下消費者立下滿滿的承諾，結果過了幾天後，就拿著消保法與審閱權來要求退戶了，爲了不想承認自己的錯誤與反悔，理虧心虛的態度也常常會看到買方因此惱羞成怒，更誇張的還有因此謊騙自己的家人有意外來求賣方的同情，說到底不就是退個訂金而已，卻可以看到許多的人性黑暗的一面。而且，越是高學歷的人在這點上面就越幼稚。

案例二、

房子也不是沒看過，甚至整個市場區域

都花了不少時間一一去了解過，但爲何沒買？除了無法接受房價的現實之外普遍都因爲預算問題而無法決定，自己喜歡的買不起，買得起的又不喜歡，於是就不斷浪費時間去等待那個會不會有朝一日跑出來一個自己買得起又很喜歡的建案出現。當然答案是不可能的、即便有也輪不到你買、不管等幾年也不可能等到那個不切實際的幻想會成爲現實。

不懂也不想懂甚麼叫做先求有再求好，也不想去學習別人是如何成功的以小換大，滿腦想的都是撿便宜、想的都是自己會是那個與衆不同的天之驕子所以可以買到自以爲是的那種不可能。說破了嘴講破了舌，明明自備不足、明明償貸能力有限、明明預算不夠，但他就是堅持要以蛋白區的價買蛋黃區的點、就是要以三線品牌的價來買一線品牌的質。最終的結論就是看了若干年依然在租屋，然後越看越貴還是在一直看，每次看屋也都在以同樣的觀點在告知賣方，卻不知這不肯進步與改變的自己有多麼無知可笑。

案例三、

所有的商品都會有它的既定成本存在，現在也都有相當透明的交易資訊或相關資料可以查證，可買方卻怎麼樣也聽不進去，認爲這些數據都是賣方造假的，無論如何，這個售價都是建商暴利、都是代銷或仲介賺太多，所以我要出一個根本毫無根據也不在行情內的價錢來買。

這個方式，很奇妙，他也不只是在一個接待中心會如此，而是看過的每一個建案都用同樣的方式出價，怪的是這種人還不止一個，似乎市場所有的價錢、所有的造價、所有的原物料成本都是他們說的算，即使時間與事實證明這樣的行爲根本買不到房子但多年下來也不曾醒過。

不是爲了殺價而殺價，也不是不想買，也不是沒有誠意，他們只是無法接受爲何成本會這麼高，也無法接受怎麼可能賣方會賺那麼少。在他們的認知裡面，沒有辦法接受自己所沒思考過的一切，於此長期下來，在與其他人的比較與競爭之中，自然也就是個完全聽不進專業建議的魯蛇。

務實一點吧，當你試著去自地自建與發包

的時候，就會發現其實跟建商買還比較划算。

案例四、

在不動產交易世界之中最沒水準的人，就是想不勞而獲：

他們需要你的服務，但不想給你服務費。

他們享受你的付出，但不想給你半毛錢。

他們已經得到成果，但就是想事後砍價。

這種心態很少會在有錢人身上看到，也不會在投資客上面見到，大多在購屋買房的時候這些都是自住客會發生的事。即便這些人是在竹科大公司任職工程師，即便這些人都是高階菁英人士，即便這些人都是高知識份子，但抱歉往往眞實事由的發生群衆都是這些客層。

有人爲了想購得難以取得的建案，在確定正式交易完成後竟然可以謊稱自己沒有買到來詐取已付淸的服務費。有人在談定所有白紙黑字的買賣條件後，竟然可以要脅式的態度來強迫以回殺價格。所以說不要以爲那些不好的買賣糾紛與問題都出在賣方身上，其實有更多的無奈是在於這些心術不正的買方行爲上。

當然在仲介與中古市場中，想盡辦法在服務費上動手腳與歪腦筋的人，更是多不勝數，試問，沒有不動產業第一線的付出跟辛勞，你又怎麼可能可以順利買得你想要的物件或建案呢？

想當神，又想吃供品的心態眞的非常不好，甚至還有人因此占了便宜還沾沾自喜的炫耀與分享自己有多聰明，卻不知已把自己的格調跟水準都給弄臭了，當被貼下標籤以後，你以爲自己賺到的最後還是會賠回去的，市場越小這種循環報應到自身上就越快。

如果看到這篇文章，你正有著這些迷思的時候，請以一個健康正面的角度來好好深思一下，買房子或不動產眞的是如你所想的或你所堅持的這個樣子嗎？到今天爲止，你所認爲的一切，眞的有爲你帶來甚麼好處嗎？還是有實質幫助到你購屋順利呢？還是你有達成原本自己所要的所有目標呢？

倘若你是個自住客，看了一大段時間的房子都沒買，請相信這個因果問題的癥結點絕對是在你自己身上，而不是在賣方、景氣、環境、產品、投資客等等上面。換言之，當你與成功者跟既得利益者或常勝贏家都保有同一消費思維的時候，你就會對這些迷思嗤之以鼻了。首購族就該要學習擁有換屋族的觀念與想法，自住客也該要吸收那些置產投資客的思維與態度。別老是把自己的無能怪罪在政府不管房市或沒有打房，其實你早就有很多機會可以進場了不是嗎？咎由自取都是源於自己的選擇，放馬後炮你就會買房了嗎？別傻了，在台灣你若沒有房子就不會是自己人生的主角，別再抱著這些迷思在看房了，遲早你會被它們拖累到不知所爲。

【行情20萬的時候你不買，30萬的時候抱怨房價都是炒起來的，這不是挺好笑的嗎？有許多建案選擇性的時候你不買，案案秒殺被搶購到一屋難求的時候才在埋怨這些都是建商串聯投資客要坑殺自住客，這不是在自作多情嗎？買房其實是簡單不過的消費行爲，滿足需求、預算許可、產品滿意，就把卡刷下去就對了，哪來那麼多有的沒的在困擾自己呢？房子是要拿來住的，想太多都不會爲你帶來幫助，回歸單純是購屋時最幸福的一件事，莫忘初衷，你買房是爲了自己與家人，不是爲了要跟市場對賭、也不是爲了要跟賣方對抗，一切都是爲了你的未來。】

# 『中古屋齡黃金期』

## ｜#從業經驗｜折舊不等於虧損

所有的買方都有機會成爲是賣方，因爲當你將住了若干年的房子出售時，立場與思維就跟當初購屋時的想法完全不同了。

許多消費者有著錯誤的觀念，他們以爲中古屋齡所折舊掉的空間，可以買到低於行情或低於原成本價的房子，這其實在真實市場上是很難實現的。所謂的折舊率，是將增值率打折，不管是多老的房子，最後的成交售價必定高於屋主持有的成本價錢，再如何折舊，正常情況下都不太可能「蝕本」。

所以這些二手屋，到底多少屋齡比較會受買方青睞？在近十多年來的平均交易數字裡，屋齡5-8年的房子，接受度與訊問度普遍較高，也由於房地合一稅的影響，新古屋的年限也拉到了交屋2年之後才比較會流通在市場上，但若把目標設定在5年以內的中古屋，普遍售價會跟周邊新建案差不多，甚至還有可能更貴。若買方預算不足的話，屋齡就得在往上提升來尋找，但超過10年以上的房子，除非地段非常好，否則也都會太過老舊而被嫌棄排斥，因此中古屋的選擇方向跟新案或預售是完全不同的。

對賣方來說，將房子放置5-8年後再出售，增值率是最漂亮的。
對買方來講，尋找5-8年左右的屋齡標的，選擇性會比較廣泛。

景氣好的時候，屋齡越近的房子價錢不會太親民且可能一屋難求。
景氣差的時候，如不是不缺錢的屋主基本上無視屋齡價錢都好談。

當消費者在選擇中古屋的時候，考慮要件相當複雜：地點、社區、品牌、產品、屋齡、售價、差價、服務費、仲介業務、屋況、屋主、貸款等等，其中任何一個因素環節每一項物件都可能不一樣。因此買方要具備的相關知識或功課，理論上要做得比新建案還充足，因爲如果你都自以爲是的在東碰西尋，可能會浪費掉你很多時間，且會將認真爲你服務的仲介也因此被你給過濾掉了，當然也會間接失去掉很多不錯標的的機會。

現在也因網路資訊的透明跟快速方便，買方找房子找行情也不是甚麼難事，也不像從前一樣只能仰賴銷售單位來給予情報，既然買方再也不需要被引導，那麼你應該可以如同業內專業人士去快速尋得自己想要的目標。

但事實上卻不是那麼單純，相信許多從業仲介都會遇到無數種奇怪邏輯的要求：比如開價打7折打5折、比如預算遠低於區域行情、比如基本資料不會判讀、比如要買得比任何人還要更便宜、比如想買賠售的物件、比如不想付服務費。種種獵奇在很多時候消費者會不悅於業務端的回應或態度，但其實看房子也是需要經驗累積的，當你還活在天馬行空的幻想之中，就是需要被教育就是需要面對現實，否則你根本買不到房子。

在台灣，中古市場主要的流通單位就是仲介，不管你再怎麼討厭、反感、排斥、或曾有不好的過程，你都無法否認無論你要買屋或賣房，找仲介就是最快也最爲方便的方式，如果沒有仲介角色的存在，你的房子可能要賣很久、價錢賣得很醜，你要找房子可能也要找得更久、價錢也難可以順利議定。

在新興的發展城市中，越老的房子就越難賣，雖然價錢遠低於行情，但爲何預算有限的人寧可買新一點較貴的物件也不願屈就呢？因爲不動產就在那邊，它會隨著時間越來越舊，可購屋買方則是越來越新一代的年輕人，這消費上的觀念跟看法以及對生活上的容忍程度，是大不相同，因此即便首購族的資金有限，但他們對中古屋的看法卻是寧缺勿濫的，這也是爲何越接近現在的時間點，屋齡的平均熱手度就越不會超過8年，因爲屋齡越高，市場買方的接受度就會同比下降。

折舊率如何吃掉增值率？例如：
3年屋齡增值10元，折舊1元。

5年屋齡增值15元，折舊3元。
8年屋齡增值18元，折舊5元。
15年屋齡增值20元，折舊10元。
20年屋齡增值22元，折舊15元。
所以無論屋齡多老，在不動產市場的事實上其實都還是增值的，只是折舊空間隨地點與產品條件不同而波動，但不可能如買方所想增值20元折舊20元折舊25元折舊30元。不一樣的屋齡差異最大的是脫手率，除了被折去的價格之外，越舊的房子脫手速度就越慢。

然而有經驗且具有資產規模的投資客，他們在房子的置產過程中，通常不會去追求要多快去把它賣掉，因為這些人都具有非常成熟且正確的觀念，不動產就是長期的資本流通工具，房子放著是不會虧錢的，所以選擇一個正確的時間點爭取最大的獲利空間都是賣方的目標。反而把具有潛力的物件一下子就把它脫手掉是件不划算的事，即使有賺到不錯的價差，但其實你還可以賺得更多，在機制的自然演化之下，最終的結論就是放置5-8年後在轉手是最理想妥當的做法。

購屋為何容易創造財富，因為這也是一個階段性的時間投資與儲蓄，當有多餘的自備款、或因把房子變現後的利潤，再次投入到下個目標，隨著市場的發展，只要選擇得當，這些房產就會一直在幫你生錢。變相來說，也是一種被動收入，週期循環之下，慢慢地也就造就了無數個富者恆富的案例。

【每一天都有龐大的金流關係鏈在不動產體系中流竄，財富也因此不斷在更新與重新分配，尤其在重大政策、經濟變遷之下，有實力的人更願意在低迷的環境中做好布局跟配置。所以買房子，眼光能否如同建商購地推案般的卓越也是很重要的考量，有些人只買便宜的房子、有些人只買有潛力的高價值地段、有些人只買特殊物件，但不管選擇是為何，只要深根正確的邏輯概念，買房不難、換房更不難、置產增值也不難，最難的是：你手上有沒有房。】

國家圖書館出版品預行編目資料

丁丁的房產人生雜記4／丁丁／丁士鴻著. --初版.--臺中市：白象文化事業有限公司，2023.11
面； 公分
ISBN 978-626-364-069-6（平裝）
1.不動產業 2.通俗作品
554.89　　112009919

# 丁丁的房產人生雜記4

作　　者　丁丁／丁士鴻
校　　對　丁丁／丁士鴻
發 行 人　張輝潭
出版發行　白象文化事業有限公司
412台中市大里區科技路1號8樓之2（台中軟體園區）
出版專線：（04）2496-5995　傳真：（04）2496-9901
401台中市東區和平街228巷44號（經銷部）
購書專線：（04）2220-8589　傳真：（04）2220-8505
專案主編　陳媁婷
出版編印　林榮威、陳逸儒、黃麗穎、水邊、陳媁婷、李婕、林金郎
設計創意　張禮南、何佳諠
經紀企劃　張輝潭、徐錦淳、林尉儒、張馨方
經銷推廣　李莉吟、莊博亞、劉育姍、林政泓
行銷宣傳　黃姿虹、沈若瑜
營運管理　曾千熏、羅禎琳
印　　刷　基盛印刷工場
初版一刷　2023年11月
定　　價　420元